L'ÉQUILIBRE EUROPÉEN
A LA FIN DU DIX-NEUVIÈME SIÈCLE

&

VIS-A-VIS

LA TRIPLE ALLIANCE

La Russie ;
Ses Forces militaires ;
La Mobilisation et la Concentration
des Armées russes.

PARIS

30, RUE ET PASSAGE DAUPHINE, 30

1890

FRANÇAIS & RUSSES

VIS-A-VIS

LA TRIPLE ALLIANCE

L'ÉQUILIBRE EUROPÉEN
A LA FIN DU DIX-NEUVIÈME SIÈCLE

FRANÇAIS & RUSSES

VIS-A-VIS

LA TRIPLE ALLIANCE

La Russie;
Ses Forces militaires;
La Mobilisation et la Concentration
des Armées russes.

PARIS
LIBRAIRIE MILITAIRE DE L. BAUDOIN
30, RUE ET PASSAGE DAUPHINE, 30

1890

PRÉFACE

Les Français d'aujourd'hui souhaitent la supériorité de la Russie sur les Allemands. A ce vœu est adaptée l'opinion que les Français se forment touchant les forces de la Russie. L'opinion française relative à la vigueur du colosse russe est-elle conforme à la réalité ? Cette question mérite qu'il y soit répondu *sine ira, sine studio,* suivant la brève expression des *Annales.* Il en cuit parfois de parler franc ; je ne l'ignore pas. Ce fut le cas du bonhomme Thiers en juillet 1870 ; relisez le *Figaro* d'alors ! Une vieille pantomime de la Comédie italienne offre la même leçon sous les traits d'une belle fille amoureuse d'un chevalier de haute mine. Une robuste nourrice, comme on n'en voit que dans les pantomimes, jette de l'eau sur ce beau feu. Un pugilat plus animé qu'un quadrille naturaliste met aux prises l'amoureuse et le notaire, le galant et la nourrice au moment du contrat. La virago empoigne vigoureusement le chevalier. Pourpoint et... chemise restent aux mains de la virago, tandis qu'une superbe fleur de lis apparaît sur l'épaule du *patito*. La toile tombe sur le désespoir de la belle menaçant sa nourrice de lui arracher les yeux.

Les passionnés pensent volontiers : « Et s'il me plaît à moi d'être trahi, d'être trompé ! » Il est des esprits pour admirer ce parti pris; ce n'est pas pour donner une haute opinion de la raison humaine : c'est cependant ainsi. On a beaucoup parlé de la campagne de 1812.

Il s'est rencontré des historiens pour vanter Kutuzov, pour célébrer « la légèreté cynique et les hâbleries » avec lesquelles « le vieux renard » avait fait croire à la jeune Russie que Borodino, la plus désastreuse des défaites, était une grande victoire des Russes. « Imitez Kutuzov ! mentez comme lui ! mentez toujours ! il en restera quelque chose ; » c'est la formule des stratégistes d'une nouvelle école.

Parce qu'une fois la balle d'un fou s'est égarée et a frappé en plein boulevard un gredin échappé aux gendarmes, faut-il prôner l'acte du fou ? faut-il citer comme imitable la passion qui a conduit sa main ? Dans un roman à effet, cela peut se soutenir. Dans une société organisée, pareille prétention est inadmissible. Le mensonge est plein de périls ; il est encore plus dangereux que la violence. A faire du mensonge la base de la stratégie, on galope en pleine fantaisie. Telle la scène où Tolstoï fait triompher les hâbleries de Kutuzov, où il foule aux pieds la loyauté de Vollzogen, un ferme et droit témoin des désastres de Borodino : « *Vous avez vu ! vous avez vu !* hurlait Kutuzov qui s'était levé brusquement et se précipitait sur Vollzogen. *Vous osez !... Vous avez cette audace !* » La nouvelle école de guerre trouve cela superbe. Le mensonge est admirable dans la bouche d'un supérieur ! « Et il le menaçait de sa main tremblante et sa voix s'étranglait dans son gosier. *Comment osez-vous, Monsieur ! me raconter de pareilles histoires ?* Vous ne savez absolument rien ! Allez dire de ma part au général Barclay que ses renseignements sont faux et que moi, feld-maréchal, *je sais mieux ce qui en est que lui !* » Telle est la scène qui, selon les adeptes des nouvelles méthodes de guerre, place Kutuzov au rang des dieux, au-dessus du génie de Bonaparte ! C'est à faire hausser les épaules. C'est du médiocre mélodrame auquel il faut un auditoire trié sur les talus des boulevards extérieurs. Enfin, cela est à la mode, il faut le discuter. Voilà la suite de la scène qui est présentée comme le superlatif de l'art de la guerre :

« Vollzogen voulut répliquer, mais Kutuzov l'interrompit. *L'ennemi est repoussé à gauche, il est battu à droite. Si vous avez la berlue, Monsieur! ne parlez pas de ce que vous ignorez. Allez au général Barclay et dites-lui que mon intention est d'ataquer l'adversaire demain matin,* ajouta sévèrement Kutuzov. Tout le monde se tut et on n'entendit plus que la respiration haletante du vieux maréchal. » Quel pitoyable scenario! Quelle bizarre prétention que de créer des êtres de convention! Présenter un Kutuzov encore plus petit et plus sot que nature! Et offrir comme modèle de stratégiste cet *homunculus* artificiel! C'est par de pareilles rêveries que se faussent l'esprit et le jugement d'un peuple. Les plus grands hommes ont eu leurs moments où ils ont menti. Ces mensonges leur ont toujours nui. Mahomet et Napoléon ont imposé aux peuples. Mais quelle antithèse avec la grossière bêtise de Kutuzov ! L'autruche, qui se cache les yeux derrière ses ailes, peut-elle être citée comme modèle, parce que, faute d'attention, le chasseur ne l'aura pas vue ? Il n'y a pas de loi humaine qui soit invariable et qui ne soit en défaut en quelques cas. Aller choisir ces exceptions, bâtir dessus des méthodes de guerre, quelle singulière folie !

L'art militaire est fait de bon sens. Le mensonge, érigé en système, n'y a que faire. Les stratagèmes de guerre, fondés sur la tromperie systématique des cent mille individus d'une armée, ne donneront rien, par cette simple raison qu'ils ne peuvent venir à l'esprit *d'un militaire du champ de bataille*. On ne ment ni avec la mort, ni avec les jambes brisées, ni avec les estomacs vides. Il faut une forte teinte d'hypnotisme pour ressusciter les morts, pour changer une défaite « qui a coupé bras et jambes » en une grande victoire! Ce sont là des doctrines qui procèdent de la Salpêtrière encore plus que de la campagne de 1812. Les marches sur Ulm et vers Austerlitz, les manœuvres autour d'Iéna, les marches prodigieuses des colonnes françaises en Espagne étaient fondées sur une supériorité réelle, non sur une mensongère illusion. Que dans un cas donné, Bonaparte ait dupé un ou deux de ses généraux, en leur suggérant une illusion appropriée à leur tempérament, cela est dans les choses humaines. Mais duper cent mille individus, leur ordonner une marche de nuit, en leur disant : « *Il fait clair!* », jamais Bonaparte n'a fait cela, et l'idée ne lui est jamais venue de le tenter. Le charlatanisme a des bornes : même chez un général en chef, il prend le nom de folie. Mieux vaut se tenir beaucoup en deçà de cette limite, que de risquer un pas au delà!

Le fin du fin en politique, en art militaire, au milieu du champ des sciences et des arts humains, est encore d'adopter la devise de l'honnête homme dont l'oraison funèbre tenait dans ces dix mots : « La vérité le conduisait par la main comme un enfant! »

Je souhaite au lecteur français de s'en tenir à cette règle, si naïve qu'elle semble; c'est la seule qui survivra aux erreurs et aux rêves qui sont la cause des grandes catastrophes humaines. Les tremblements de terre et les cyclones échappent à l'omnipotence de l'homme. Que de reproches ont été adressés au Créateur du monde pour les dommages causés à l'homme par ces grandes forces de la nature! Avec plus de sagesse, l'esprit humain peut faire le procès aux erreurs et aux rêves qui préparent des catastrophes plus cruelles que les tourmentes échappant aux caprices des hommes. Grâce à ces erreurs, sous l'influence de ces rêves, les peuples se ruent, d'un CŒUR LÉGER, sur les peuples. Un million d'hommes, dans la force de l'âge, sont la pâture offerte au minotaure : pendant que les cadavres des victimes font la joie des vers et des corbeaux, cinq cent mille veuves, deux millions d'orphelins traînent une vie de privations ; de longues années de deuil et de misère pèsent sur les infortunés auxquels manque le bras du père qui travaillait et faisait venir du blé au logis.

Le plus bel acte de l'esprit humain est de diriger les forces de l'homme au soulagement des misères atroces d'autrui; c'est la pratique du précepte ancien : *Fais à autrui ce que tu voudrais que l'on te fasse à toi-même.* Quel est le père de famille qui souhaiterait, pour ses enfants, les horreurs que la guerre impose aux enfants des PAUVRES SOLDATS QUI, PAR MILLIONS, succomberont dans la prochaine guerre, avant que le *moral* du peuple vaincu soit en droit de proclamer *l'honneur satisfait?* S'il est bien de soulager les souffrances des misérables, il est plus sage encore de ne pas faire naître ces souffrances lorsqu'elles n'existent pas. C'est encore louable que montrer le néant des erreurs et des rêves qui font de ces souffrances de la guerre la condition de ce qu'une école nouvelle intitule civilisation, progrès, régénération. Interrogez l'histoire des guerres auxquelles la France a pris part depuis cent ans. Une seule est justifiée, c'est l'expédition d'Alger! Poussez plus loin, et, dans les siècles qui précèdent, vous aurez grand'peine à glaner quelques guerres légitimes. C'était, du reste, le sentiment du plus victorieux des rois de France....

à son lit de mort; c'étaient ses dernières paroles : l'enfant à qui Louis XIV les adressait était trop jeune pour les comprendre.

Aujourd'hui la guerre n'est plus, comme en juillet 1870, une façon de tournoi à l'usage de célibataires désignés par le sort. C'est un rendez-vous de mort où tous les pères de famille sont convoqués, riches et pauvres, ces derniers aussi bien que les autres sans que leurs enfants aient à prétendre après la bataille d'autres aliments que ceux de l'Assistance publique! Aussi les classes dirigeantes ont-elles le devoir de bien peser les conséquences d'un conflit, de détourner l'opinion des entraînements vers une guerre que la raison réprouve. On parle souvent de prendre des mesures puissantes contre l'esclavage. Que serait une guerre en 1890? sinon l'esclavage de la misère imposé à cent mille familles, au double, au quadruple peut-être, tandis que par le légitime labeur de leurs chefs ces familles avaient brisé les fers de cette servitude et vivaient avec la liberté que procure la satisfaction des besoins des enfants. Plus louable encore que la ligue contre l'esclavage, la lutte contre les rêves de haine et de discorde mérite d'être prise en considération par les gouvernements. Il s'agit de soustraire à la servitude des myriades de Français. Le but vaut d'être tenté.

Un dernier mot. *Ce livre n'est pas opportun!* clamera quelque politicien. La clameur a raison, mieux aurait valu attendre le choc des armes pour publier ce livre.

Bourges, le 28 septembre 1889.

Paul MARIN,

ex-capitaine commandant la 5e batterie
du 37e régiment d'artillerie.

Français & Russes

VIS-A-VIS

LA TRIPLE ALLIANCE

~~~~~~~~~~~~~~~~~~~~~~~~~~~

LES FORCES

MILITAIRES DE LA RUSSIE

Tourguéneff écrivait, le 18 août 1870 : « Toute l'Europe s'attendait au succès des armées françaises, ce qui prouve que ce que nous connaissons le moins, c'est ce qui se passe sous notre nez. » Le grand écrivain russe poursuivait ainsi sa lettre datée de Baden-Baden : « Les Prussiens que j'ai vus le 15 juillet à Berlin n'ont pas douté un instant de leur succès, mais j'ai mis leur confiance sur le compte de leur gloriole nationale. » Après ces deux observations arrachées par la force des choses au plus puissant esprit de la Russie contemporaine, venait cette brève remarque, bien éloquente par la comparaison qu'elle dresse entre l'opinion de l'Europe et le sentiment des gens de Berlin : « Cependant il paraît qu'ils savaient ce qu'ils disaient ! »

Ce livre a pour objet une comparaison entre deux forces. La France a une haute idée de la force de la Russie. Cette force de la Russie, je veux la comparer à la puissance de l'Allemagne et de l'Autriche. Les Français d'aujourd'hui connaissent-ils beaucoup mieux que ne la connaissait Tourguéneff le 15 juillet 1870, la force relative des armées prêtes à en venir aux mains ? L'histoire répondra quelques semaines après le choc des forces russes contre les armées austro-allemandes. Cette réplique, je la vois des plus précises avant l'ouverture des hostilités. Cette repartie, je la lis aussi probable que la réponse faite le 15 juillet 1870 par les juges compétents.

Maints esprits superficiels se sont étonnés d'avoir découvert dans les papiers des Tuileries, parmi les rapports du colonel Stoffel, la révélation limpide de la supériorité de l'armée prussienne sur l'armée française. Il n'y a eu pour s'ébahir de cette découverte que les gens médiocrement familiers avec l'histoire contemporaine. Entre la réalité et l'opinion des gens qui parlent hardiment de tout, qui écrivent quotidiennement de tout, sans avoir appris les éléments des choses dont ils parlent, il n'y a ni lien ni dépendance. Quand du milieu de ces enragés bavards s'élève une voix exposant simplement des faits, énonçant des chiffres, analysant un état moral, cette voix n'est guère écoutée. Ce fut le cas du colonel Stoffel dans les jours qui ont précédé juillet 1870. Cela était arrivé déjà aux observateurs qui avaient examiné en conscience l'état de l'armée prussienne avant le printemps de 1866. Sadowa avait surpris l'Europe! Reichsoffen et Forbach surprirent l'Europe! les prochaines batailles de Pologne surprendront l'Europe! Vainement quelques militaires prudents auront indiqué l'issue probable de ces batailles, l'opinion n'aura tenu aucun compte de leurs assertions. Pour le public et pour la presse, cent phrases sonores valent mille fois plus qu'une bonne raison. C'est le cours des choses.

Examinez la Pologne, cette province où la Russie accumule depuis trois ans infanterie, cavalerie, artillerie. C'est un carré de trois cents kilomètres de côté. La face *Nord* et la face *Ouest* bordent la Prusse. Le côté *Sud* du carré longe l'empire d'Autriche. La Pologne communique avec la Russie par la face *Est* du carré. Le contact de la Pologne avec l'empire russe est trois fois moindre qu'avec les deux empires de l'Ouest. On sent d'un coup d'œil les difficultés que rencontrera l'armée russe pour se défendre en Pologne sous la pression de l'offensive des empires alliés. Un accident particulier accentue l'isolement de la Pologne du reste de l'empire russe. Les marais de Pinsk couvrent cent kilomètres de la face *Est* du carré polonais. Ces marais sont un obstacle aux communications de l'armée russe opérant en Pologne. Cet obstacle étranglerait la retraite de l'armée russe, éventualité qu'il serait imprudent de négliger!

La Pologne est sillonnée par des cours d'eau larges et profonds. Malgré leur débit, ces cours d'eau ont une importance stratégique médiocre. Leur lit supérieur appartient à l'Autriche. Leur lit inférieur appartient à la Prusse. Leur cours en Pologne est commandé d'amont et d'aval dès le début des hostilités. La topographie de la Pologne a un caractère particulier, le défaut de reliefs. En Pologne, les armées n'aperçoivent d'autres obstacles à leurs mouvements que de larges nappes d'eau courante et des marais que la plus légère crue développe à perte de vue. Cette configuration de la Pologne crée une difficulté à la défensive russe menacée par trois des flancs du carré polonais, manœuvrant sur des lignes d'eau tournées au *Sud*, tournées au *Nord*, avec une ligne de retraite étranglée par les marais de Pinsk.

La Vistule est le grand fleuve polonais. A Varsovie, la largeur de la Vistule approche d'un kilomètre. La Vistule a sa source en Autriche, dans les montagnes de Moravie. Après un parcours d'une centaine de kilomètres où ses deux rives sont autrichiennes, la Vistule sert de limite à l'empire russe et à l'empire austro-hongrois.

Sa rive droite reste autrichienne, sa rive gauche devient russe. La Vistule coïncide avec la moitié de gauche du côté *Sud* du quadrilatère polonais.

Si la Vistule poursuivait son cours dans la direction marquée par les deux étapes de Cracovie et de Sandomir qui, à quinze myriamètres l'une de l'autre, bordent la Vistule, elle irait passer à Moscou. Mais la Vistule, après avoir servi de frontière aux deux empires, russe et autrichien, change de direction. Le cours sinueux de la Vistule à travers le carré polonais est marqué par les deux étapes de Sandomir et de Thorn, où la Vistule devient prussienne ; il peut se représenter par la corde qui réunirait le milieu de la face *Sud* du carré polonais au sommet *Nord-Ouest* du carré. En réalité, la Vistule décrit une courbe irrégulière située à l'*Est* de cette corde. Cette courbe sinueuse divise le carré polonais en deux aires équivalentes.

Les sinuosités de la Vistule sillonnent l'empire russe sur un développement de quarante myriamètres. Elles arrosent trois places de guerre qui constituent, selon les écrivains militaires, la suprême ressource de l'armée russe pour résister à une invasion de la Pologne. Varsovie, au centre du carré polonais, est couverte au *nord* par Novo-Georgievsk, au *sud* par Ivangorod.

Novo-Georgievsk est à trente kilomètres en aval de Varsovie, au confluent du Bug, le plus important des affluents de droite de la Vistule. Le Bug arrose le carré polonais, après avoir pris sa source en Autriche dans les montagnes de Galicie, à quarante myriamètres à l'est des sources de la Vistule.

Le Bug, quand ses eaux cessent d'être autrichiennes pour devenir russes, est à une centaine de kilomètres de sa source. Il suit alors la face *Est* du carré polonais jusqu'au milieu de cette face : là, le Bug change de direction. Ce coude est marqué par une place forte d'une importance capitale, *Brest-Litovski*. Le commandant du génie Marga s'exprimait ainsi en 1884 sur le rôle de cette forteresse (*Géographie militaire de l'Europe*, tome III, page 141) : « La place de Brest-Litovski (Brzesc, en polonais) est située en Lithuanie au confluent du Boug et du Moukhaviec et à l'ouest des marais de Pinsk. Elle a été commencée pendant les guerres de Pologne pour abriter les magasins et les approvisionnements destinés aux troupes qui tenaient la campagne. Elle occupe une position stratégique de premier ordre, et, aux siècles passés, elle a été disputée par les Russes, les Polonais, les Lithuaniens et les chevaliers teutons. A cinquante kilomètres à l'est, près de la ville de Kobrin, Souvarov remporta en 1794 une grande victoire sur les Polonais. Brest est aujourd'hui le point de croisement des voies ferrées de Varsovie à Moscou et de Kœnigsberg à Odessa. La place est purement militaire; la population a été transportée au nord-est de la forteresse; la ville actuelle de Brest contient trente-huit mille habitants. » De Brest jusqu'à Novo-Georgievsk, son confluent dans la Vistule, le Bug a un développement de plus de deux cents kilomètres, la direction de son lit est à angle droit avec son cours en amont de Brest.

Les pivots de la défense russe en Pologne sont sur le Bug et sur la Vistule; ces deux grandes lignes d'eau divisent la Pologne en trois secteurs. Le secteur entre la Vistule et le Bug comprend les quatre forteresses de Varsovie et de Brest, de

Novo-Georgievsk et de Ivangorod. C'est le réduit de la défense. Ces quatre pivots stratégiques lui ont fait attribuer parfois la définition de *quadrilatère*, donnée autrefois au *quadrilatère lombardo-vénitien* ayant aussi pour sommets quatre forteresses. Qui n'a entendu parler du quadrilatère lombardo-vénitien, lors de la campagne de 1859? La partie septentrionale du secteur compris entre le haut Bug et la haute Vistule, c'est-à-dire la portion du territoire précédent limitée au *sud* par la ligne Ivangorod-Brest, constitue le centre de la défense russe en Pologne. On y reviendra plus loin. En cessant d'être russe, la Vistule devient prussienne; elle a un parcours de près de deux cents kilomètres, avant de se jeter dans la mer Baltique, aux environs de Dantzig.

Pour se faire une idée de l'étendue du théâtre d'opérations de la Pologne, il suffit de remarquer que sa surface équivaut à celle du carré qui aurait pour côtés le Rhin de Mayence jusqu'à Bâle, d'une part, et une ligne tracée d'Auxerre à Maubeuge, d'autre part. Si on l'aime mieux, le carré polonais offre une surface égale à celle de nos quinze départements de l'Est, inclus les départements de l'Aisne, de Seine-et-Marne, de l'Yonne, de la Nièvre, de Saône-et-Loire, du Jura. Quant à l'étendue du réduit constitué par les quatre forteresses de la Vistule et du Bug, elle est notable. De Brest à Ivangorod, on mesure cent cinquante kilomètres; de Brest à Varsovie, on en compte cent soixante-quinze; de Brest à Novo-Georgievsk, il y a deux cents kilomètres. Ces trois chiffres expriment clairement l'énormité de surface et de périmètre de ce quadrilatère polonais par rapport à son homonyme lombardo-vénitien.

Les trois places fortifiées de la Vistule sont presque en ligne droite. Varsovie, qui est la forteresse centrale, est à trente kilomètres de Novo-Georgievsk; Varsovie est à cent kilomètres d'Ivangorod. Dans cette description du théâtre d'opérations, il a été écrit que la forteresse de Novo-Georgievsk était située au confluent du Bug et de la Vistule. Plusieurs géographes militaires écrivent autrement; d'après eux, Novo-Georgievsk est située au confluent de la Narew et de la Vistule. Cela tient à une manière différente de nommer la rivière formée par la réunion des eaux du Bug et de la Narew. Pour certains géographes, entre autres pour Marga et Reclus, cette rivière prend le nom de la Narew. L'opinion contraire soutenue par le *Dictionnaire Géographique Universel* (édition de 1825, tome II, page 163, article *Bog*) est beaucoup plus solide. C'est également l'opinion adoptée par le beau *Dictionnaire géographique* de Vivien de Saint-Martin, actuellement en cours de publication, ainsi que par le *Grand Dictionnaire* de Larousse (tome II, page 1075), à l'article *Boug*, *Bug* ou *Bog* : « Ses affluents principaux sont le Moukhavietz, la Narew et la Wkra. »

Ces trois affluents arrosent le sol situé sur la rive droite du Bug. Ils divisent ce territoire en quatre théâtres distincts, tout au moins au point de vue des petites opérations de guerre à conduire sur la rive droite du Bug. Le Moukhavietz, dont les eaux rejoignent les eaux du Bug à Brest-Litovski, coule de l'est à l'ouest, il passe à Kobrin, localité déjà nommée dans ce livre et située à cinquante kilomètres à l'est de Brest sur la route directe de Brest à Pinsk, et à cent vingt kilomètres de cette dernière ville. Le sol de la rive droite du

Bug en amont du Moukhavetz est coupé de multiples cours d'eau, s'enchevêtrant de manière à gêner la marche des troupes. Ce théâtre spécial, limité à l'ouest par le Bug, limité au nord par le Moukhavetz, a une situation particulière, parce qu'il est immédiatement accessible aux armées autrichiennes maîtresses des sources du Bug. Comme ce théâtre d'opérations prend à revers le carré polonais, il importe d'en étudier les accidents et les ressources.

L'armée autrichienne installée à Kobrin, c'est le carré polonais fermé du côté de Pinsk, ainsi que du côté de la Russie méridionale : c'est assez marquer l'importance de la route de Sokal (localité située sur le Bug autrichien) à Kobrin (situé sur le Moukhavetz). Cette route a deux cents kilomètres de long, elle rencontre dans sa partie postérieure les marais qui entourent le Pripet, affluent de droite du Dniepr. Les marais du Pripet supérieur constituent le principal obstacle aux opérations de l'armée autrichienne pour atteindre Kobrin.

Le second théâtre d'opérations de la rive droite du Bug est compris entre le Moukhavetz et la Narew; il est séparé du théâtre précédent par le Moukhavetz. Ce théâtre n'est directement accessible ni à l'armée autrichienne ni à l'armée prussienne. C'est vraisemblablement sur cette case de l'échiquier que se jouera la partie décisive entre l'armée russe et l'armée austro-allemande. Cette armée, s'inspirant des principes de Clausewitz, cherchera sans doute à profiter de sa supériorité numérique et de sa mobilité pour dénouer la guerre par une bataille décisive, jouant d'un coup le sort de la Pologne et de ses places. C'est entre le Moukhavetz et la Narew que se dénouera la partie décisive pour l'empire russe. Cette région est traversée par la voie ferrée de Varsovie à Saint-Pétersbourg, ainsi que par le chemin de fer de Varsovie à Moscou.

Le premier théâtre décrit tout à l'heure, celui qui est situé au sud du Moukhavetz, est traversé par le chemin de fer de Varsovie à Homel, ainsi que par la voie ferrée de Varsovie à Kiev. Ces deux voies sont moins importantes que les deux précédentes, avec lesquelles elles constituent le faisceau de communications rapides, liant la Pologne à l'empire russe.

Le second théâtre situé entre le Moukhavetz et la Narew ne comporte pas de marais comme le premier. Les armées peuvent s'y déployer, évoluer, manœuvrer, combattre avec facilité.

Passons au troisième théâtre d'opérations de la rive droite du Bug. Situé au nord de la Narew et à l'est de la Wkra, ce théâtre est immédiatement accessible à l'armée prussienne. La partie la plus importante de ce troisième théâtre est sa portion orientale par où peuvent être tournées les sources de la Narew, afin de prendre à revers le deuxième théâtre. A ce point de vue, la ville de Bielostok ou de Bialystok a une situation particulièrement intéressante. Cette ville est un nœud important de chemins de fer : il en part une ligne vers Saint-Pétersbourg, une vers Moscou, une vers Brest, une vers Varsovie, une enfin vers Kœnigsberg. Bielostok est protégé contre l'armée prussienne par le cours de la Bobr, rivière qui court parallèlement à la frontière prussienne avant de se jeter dans la Narew. La Bobr coule à une trentaine de kilomètres de la frontière prussienne, c'est un obstacle médiocre ; Bielostok est à quatre-vingt-dix kilomètres de la même frontière ; c'est la clef des communications de cette région et le point le plus important du troisième théâtre d'opérations, qui vient d'être décrit.

Le quatrième théâtre d'opérations sur la rive droite du Bug, qui a été défini comme placé entre la Vkra et la basse Vistule, est ouvert à l'armée prussienne. L'importance de ce théâtre est fort médiocre ; au point de vue des opérations décisives, on peut joindre ce théâtre à celui de la rive gauche de la Vkra jusqu'à la rive droite de la Narew. Quant à la rive gauche de la Vistule, c'est un champ ouvert à l'invasion, sans obstacle d'importance : il a déjà été remarqué que cette table rase formait la moitié du carré polonais.

L'autre moitié a été divisée géographiquement en deux portions inégales : le pays entre le haut Bug et la haute Vistule, d'abord ; la rive droite du Bug, ensuite. Entre Bug et Vistule est construit le quadrilatère polonais : c'est le réduit de la défense et aussi, selon les apparences, le lieu de rassemblement et de concentration des armées russes en Pologne. A ce titre, cette région est particulièrement intéressante à examiner.

Quant à la rive droite du Bug et aux deux régions militairement distinctes que la Narew y détermine, on doit faire à son sujet une remarque essentielle. Dans une guerre entre la Russie et l'Allemagne, la Narew pourrait constituer une ligne de défense solide contre l'Allemagne; cela est évident. Dans une guerre entre la Russie et l'Allemagne alliée à l'Autriche, cette ligne de défense est prise à revers par les routes du Haut-Bug. A cet effet, l'armée autrichienne doit traverser les deux régions qui ont été séparées, pour la commodité de notre exposition, par le Moukhavecz. Dans la réalité, cette rivière n'a guère d'importance par elle-même; elle figure une position géographique intéressante par les deux localités de Kobrin et de Brest qu'elle arrose en suivant la route de Pinsk à Brest.

De Kobrin, centre de la région située entre le haut Bug et la haute Narew, jusqu'à Bielostok, il y a cent cinquante kilomètres; il a été signalé que de la frontière prussienne à Bielostok, on comptait quatre-vingt-dix kilomètres, tandis que de Kobrin à la frontière autrichienne on mesurait près de deux cents kilomètres: cela fait environ quatre cent quarante kilomètres à franchir par les armées austro-allemandes pour effectuer leur jonction vers Kobrin-Bielostok, sur les derrières des armées russes concentrées par hypothèse dans le quadrilatère polonais. Cette jonction ne rencontre pas d'obstacles sérieux de la part du terrain. Les marais du Pripet peuvent être évités par le gros de l'armée autrichienne, à la condition de franchir le Bug en aval de Wlodawa, localité située sur le Bug à soixante kilomètres en amont de Brest. De Wlodawa à Kobrin, il reste cent kilomètres. Il est vrai que l'armée russe possède une très belle position défensive de Brest jusqu'au Pripet, pour barrer la route de Kobrin. Cette position, appuyée à droite à Brest et au Bug, à gauche aux marais du Pripet, suit à peu près la route de Brest à Kowel. Cette position a soixante kilomètres de développement. Elle est assez courte et assez forte pour exiger des efforts sérieux avant d'être enlevée.

C'est vraisemblablement sur cette position que l'armée autrichienne devra livrer à l'armée russe une grande bataille, afin d'avancer coûte que coûte. Battue, l'armée autrichienne sera rejetée sur le Bug et sur Wlodawa. Victorieuse, l'armée autrichienne atteindra Kobrin.

Là, une seconde position défensive s'offrira à l'armée russe le long du Moukhavecz. Cette seconde position est beaucoup moins solide que la première, en dépit du cours d'eau qui la défend. Cet avantage est en effet annihilé par la facilité de tourner le Moukhavecz par son cours supérieur, en le menaçant en amont de Kobrin. Ce sera là néanmoins une seconde bataille à livrer par l'armée autrichienne pour marcher en avant vers la Narew. Cette seconde victoire ouvrirait à l'armée autrichienne les abords de la Narew.

Par ce fait, les défenses de la Narew contre l'armée prussienne tomberaient d'elles-mêmes; car, une fois Kobrin et le Moukhavecz occupés, la marche de l'armée autrichienne ne rencontrerait que de médiocres obstacles. Ainsi la valeur défensive de la fameuse ligne de la Narew est subordonnée au succès d'une diversion de l'armée autrichienne par le haut Bug. Cette diversion présente des difficultés. Elle exige le passage du Bug entre Wlodawa et Koden et le gain de deux batailles sur les lignes Brest-Ryto-Mokrany et Brest-Kobrin. Le passage du Bug est un jeu, même pour une armée de cinq cent mille hommes. Avec les engins que la métallurgie met à la disposition du pontonnier, il est plus prompt et plus aisé de jeter une douzaine de ponts de deux cents mètres de long sur un fleuve profond, qu'il ne l'était en 1870 pour achever un seul pont d'une cinquantaine de mètres ! Ce détail est essentiel à remarquer au point de vue des mille passages de rivières qu'exigeront les opérations de l'armée autrichienne dans cette région où l'eau est à fleur du sol.

Ce qui était infranchissable au commencement du siècle, et il y a vingt ans, est aujourd'hui chose enfantine, grâce à l'emploi des ponts portatifs en fer. Les cours d'eau enchevêtrés de la rive droite du Bug, le Bug lui-même, ne constituent qu'un obstacle relatif aux mouvements de l'armée autrichienne. Quant au succès dans les deux batailles qu'exigera vraisemblablement l'occupation de Kobrin, c'est surtout des effectifs en présence de part et d'autre que dépendent les pronostics à émettre sur ce sujet. Il sera exposé plus loin comment les Autrichiens pourront mettre en ligne cinq cent mille hommes sur cette région, moins de quinze jours après l'ouverture des hostilités, sans préjudice de forces numériquement égales affectées aux théâtres secondaires d'opérations. Il sera montré que, dans les mêmes conditions, les Russes auront fort à faire pour avoir deux cent cinquante mille hommes sur cette ligne, à moins d'avoir évacué le quadrilatère polonais et d'avoir effectué leur concentration à l'est du Bug. Cela pour indiquer d'avance que le plan offensif sur Kobrin n'est pas impraticable en soi.

Quant aux opérations connexes de l'armée prussienne pour occuper Bielostok d'abord, ensuite pour donner la main à l'armée autrichienne, elles sont faciles à indiquer d'après le début des opérations analogues de Napoléon sur le même théâtre. Dans le récit qu'il a fait de ces opérations (édition de 1847, tome VII, pages 294 et suivantes), M. Thiers a écrit : « Le maréchal Lannes était campé à Varsovie avec deux divisions. Le maréchal Davout était campé au delà, c'est-à-dire au bord de la Narew, qui tombe dans la Vistule un peu au-dessous de Varsovie. Il y avait de Varsovie à la Narew environ huit lieues, beaucoup de landes, peu de cultures et d'habitations... »

La description par Thiers des opérations de décembre 1806, enlevée avec le brio et avec la légèreté que cet homme d'esprit a mis dans son *Histoire de l'Empire*, a été acceptée comme parole d'Évangile par les moutons de Panurge qui ont lu cette relation. Loin de rechercher si l'appellation de l'historien des guerres de Napoléon était conforme à l'usage et au sens commun, nombre des compilateurs postérieurs à Thiers ont accepté, sans penser à la discuter, l'assertion de Thiers donnant le nom de Narew aux eaux réunies du Bug et de la Narew. Telle est l'origine du dissentiment signalé plus haut entre les géographes touchant la dénomination *Bug* ou *Narew*. Le vif et alerte historien des guerres de l'Empire avait de sa propre autorité donné le nom de Narew à ces eaux, sans avoir pris la peine de lire le *Dictionnaire Géographique Universel* cité plus haut, ouvrage de la plus solide érudition qui (tome II, page 163, et tome VII, page 225) fait remarquer combien le Bug, par les 120 lieues de son cours, aussi bien que par le débit normal de ses eaux, l'emporte sur la Narew.

La plupart des lecteurs ont admis sans discussion cette appellation, et voilà comment s'est répandue une contradiction à l'usage ancien. Certes, un pareil changement de dénomination a une importance médiocre. Il ne s'agit, après tout, que des huit lieues arrosées par les eaux communes à deux rivières. Encore n'est-il pas indifférent de signaler le comment et le pourquoi des erreurs commises ! Si un romancier de génie débaptisait la Seine pour l'appeler du nom d'un de ses affluents, et que mille géographes improvisés accusassent la légèreté de leur savoir en adoptant naïvement cette dénomination fantaisiste, il y aurait un exemple du même genre, dans des proportions plus extraordinaires sans doute, mais pas beaucoup plus probantes contre le jugement des savants qui auraient changé la dénomination usuelle.

Les erreurs de mots ont sans doute médiocre importance. Qu'importe, après tout, le mot Narew ou le mot Bug ? Cela importe plus qu'on ne pense, car la plupart des erreurs de mots correspondent à des erreurs de fait ou à des ignorances colossales de la part de gens qui ont la prétention d'instruire leurs contemporains, et parfois aussi l'orgueil d'avoir rectifié leurs idées. Quoi qu'il en soit, les opérations de Napoléon sur la Vistule et sur le Bug permettent de se familiariser avec les particularités de cette région : le récit de Thiers, en dépit de son étourderie, peut-être même à cause de cette légèreté, n'est pas sans charme (tome VII, page 301) :

« Arrivé dans la matinée du 23 décembre 1806 à Okunin sur la Narew, par un temps humide, par des routes fangeuses et presque impraticables, Napoléon mit pied à terre pour veiller de sa personne aux dispositions d'attaque. Ce général qui, suivant quelques critiques, tout en dirigeant des armées de trois cent mille hommes, ne savait pas mener une brigade au feu, alla lui-même faire la reconnaissance des positions ennemies, et placer sur le terrain jusqu'à des compagnies de voltigeurs... » Tout ce qui suit ces lignes de Thiers mérite d'être lu par les gens qui désirent avoir une idée des ressources que présente la topographie de cette région aux armées qui s'y disputent.

Aux lecteurs qui souhaiteraient d'asseoir un jugement solide sur ce sujet, il faut conseiller de ne pas se borner à la lecture des pages brillantes de Thiers. La lecture des documents de première main donne, en effet, une tout autre impression que celle qui résulte de l'étincelante narration de l'illustre écrivain. En fait d'histoire comme de topographie, l'érudition vaut mieux que l'éloquence, l'exactitude l'emporte sur l'éclat de la forme. Ces réflexions sont utiles, car les conclusions de Thiers sur la campagne de 1806 tout comme sur la campagne de 1812 doivent être admises seulement sous bénéfice d'inventaire. Il en est de ces conclusions comme des appellations géographiques improvisées par le célèbre écrivain; elles ont fait fortune.

La bataille de Pultusk et les diverses actions de guerre dont cette région fut le théâtre présentent les plus utiles enseignements. Depuis 1807, de notables changements ont modifié l'aspect de la Pologne. Il faut considérer surtout les chemins de fer. Varsovie, capitale de la Pologne, est liée à l'empire russe par trois voies ferrées, aboutissant à Saint-Pétersbourg, à Moscou, à Kiev. La première ligne passe par Bielostok et Wilna, la seconde ligne passe par Brest et Minsk, la troisième ligne passe par Ivangorod et Kowel.

Ces trois artères donnent une importance considérable aux localités qu'elles traversent et spécialement aux localités où ces artères reçoivent des veines secondaires. Au point de vue de la concentration en Pologne, la ligne Varsovie-Wilna présente un croisement très important à Bielostok, localité déjà signalée ; c'est là que passe la ligne Kœnigsberg-Odessa ; de Bielostok part une ligne se dirigeant à l'est sur Baranowitschi. La ligne Varsovie-Minsk présente deux stations intéressantes à Siedlce et à Lukow, qui communiquent par les tronçons Siedlce-Malkin et Lukow-Ivangorod avec les deux grandes lignes Varsovie-Wilna et Varsovie-Kiev. La ligne Varsovie-Minsk a encore un nœud très important à Brest, une station importante à Schabinka (entre Brest et Kobrin), parce qu'il en part une ligne qui aboutit à Orel (entre Moscou et Kiev), enfin un croisement à Baranowitschi avec la ligne secondaire Wilna-Lipsk, et avec un tronçon aboutissant à Bielostok. La ligne Varsovie-Kiev a des croisements à Ivangorod, à Chelm, à Kowel, à Kowno.

Telles sont les principales voies ferrées sillonnant la Pologne; on peut les rapporter à un faisceau de trois lignes convergeant à Varsovie en venant de Saint-Pétersbourg, de Moscou, de Kiev, recoupé par un petit nombre de lignes transversales. Ces trois voies ferrées constituent un changement radical au point de vue des conditions de guerre de l'empire russe.

La concentration des armées russes en Pologne en est notablement facilitée. On peut juger de cela d'après la concentration des armées russes sur le Sereth et sur le Danube en 1877. Il a été réalisé alors des opérations qui eussent été absolument inconcevables sans le secours des voies ferrées. Inversement, la marche d'armées ennemies sur Saint-Pétersbourg, sur Moscou, sur Kiev, qui aurait présenté des difficultés dont on peut juger d'après les événements de la campagne de 1812, serait actuellement très facile. Le ravitaillement d'un demi-million d'hommes disposant d'une voie ferrée est beaucoup plus aisé que le ravitaillement de cinquante mille hommes privés de cette communication, lorsqu'il s'agit de troupes opérant à mille kilomètres de leurs magasins et de leur base d'opérations.

Si puissants que soient les moyens d'action créés par les voies ferrées russes pour la concentration en Pologne, aussi bien que pour l'offensive vers Moscou, cette puissance est petite si on la compare aux moyens d'action réunis sur la frontière polonaise par l'empire d'Allemagne et par l'empire d'Autriche, au point de vue de la concentration de leurs propres forces.

Imaginons que seule la Russie possédât des voies ferrées et que ces voies ferrées soient précisément dans la situation actuelle du réseau russe : il y aurait de ce chef une supériorité énorme de la Russie, supériorité qui compenserait dans une grande mesure la situation des armées russes exposées à être attaquées ou débordées par trois des faces du carré polonais. Dans ces conditions, la défensive russe en Pologne se présenterait très favorablement, la rapidité de concentration des renforts permettrait à l'armée russe de gagner de vitesse ses adversaires et de les accueillir avec des forces supérieures.

En réalité, il n'en est pas ainsi ; la Russie n'est pas seule à disposer de voies ferrées. L'empire d'Allemagne et l'empire d'Autriche n'ont pas été en retard pour construire ces puissants engins de transport. Ils ont dépassé de beaucoup la Russie. La situation respective des voies ferrées donne aux adversaires de la Russie une énorme supériorité qui vient s'ajouter à l'avantage qui résulte de la configuration du carré polonais. Cette supériorité peut s'exprimer en chiffres, tout aussi bien que l'avantage résultant de la mesure des périmètres de communication entre la Pologne et les empires qui l'entourent. En interrogeant la statistique de fin décembre 1886, on apprend que pour une même surface de territoire, cent myriamètres carrés par exemple, l'empire d'Autriche avait sept fois plus de chemins de fer que l'empire de Russie (Russie d'Europe et Finlande). C'est là une moyenne et, suivant la situation particulière de ce carré de dix myriamètres de côté le long de la mer Blanche ou le long de l'Oural, en Pologne ou dans le Caucase, cette moyenne subit certains écarts.

Cependant ce chiffre est à retenir, car il exprime *grosso modo* la puissance relative de l'Autriche et de la Russie, au point de vue de la concentration de leurs armées sur une étendue déterminée, *la même pour les deux empires*. Jusqu'à fixation de chiffres plus précis, cela signifie que l'Autriche disposerait de sept fois plus de lignes ferrées que la Russie sur la face du carré polonais qu'elle touche. C'est là une proportion effrayante. Même en diminuant le chiffre qui exprime ce rapport, même en le réduisant de moitié, cela est encore très grave! Ce n'est pas tout. Si on se livre au même examen pour l'empire d'Allemagne, on constate que cent myriamètres carrés de l'empire allemand contiennent quatorze fois plus de voies ferrées que la même superficie de l'empire russe (Russie d'Europe et Finlande). Cela permet de prévoir une énorme supériorité de transport de troupes sur les deux faces du carré polonais que borde l'empire d'Allemagne.

En résumé, les trois faces du carré polonais occupées par les adversaires de la Russie sont bordées par des territoires où il existe 7 kil. 1 et 3 kil. 5 de voies ferrées, soit en moyenne 5 kil. 7 par myriamètre carré, tandis que la face unique du carré polonais communiquant avec la Russie est bordée par un territoire où il existe seulement 0 kil. 5 par myriamètre carré!

En nombre rond, la Russie et ses adversaires sont, au point de vue de la capacité de transport, dans des conditions inégales. Leur rapport est représenté par les nombres 1 et 30. Ce dernier nombre est très élevé. Si l'on admet qu'il soit abaissé de moitié pour des raisons locales tirées de la configuration des chemins de fer russes de l'Ouest et de la mince épaisseur du territoire prussien qui longe la face Nord du carré polonais, on a le nombre 15 qui suffit à montrer quel énorme avantage crée aux adversaires de la Russie la supériorité de leurs voies de transport. Ce sont là les conclusions auxquelles conduisent les chiffres. Rien de brutal comme les chiffres. Ceux que nous avons cités sont empruntés à la *Revue générale des chemins de fer* (livraison de septembre 1888, pages 192 et suivantes).

Ces chiffres peuvent être représentés sur

la carte figurant la Russie et les deux empires voisins d'une manière significative. Imaginons le réseau russe décomposé en deux faisceaux de lignes équidistantes, le premier faisceau aboutissant normalement à la frontière, le second faisceau parallèle à cette frontière. L'équidistance des voies ferrées composant chacun des faisceaux sera de 16 myriamètres sur le sol russe. Bref, la maille du réseau aura seize myriamètres de côté, soit une surface d'environ 256 myriamètres carrés. C'est un chiffre élevé : remarquons que ce n'est qu'une moyenne ; la portion de l'empire russe située à gauche de la ligne Pétersbourg-Moscou-Astrakan est couverte de mailles beaucoup plus serrées que ne l'indique ce chiffre moyen ; tandis que la portion située à droite est couverte de mailles beaucoup plus larges.

Si on figure les mêmes chiffres pour le

réseau de l'empire d'Autriche, l'équidistance des fils du réseau est de 6 myriamètres, ce qui donne à la maille une surface de 36 myriamètres carrés. On peut encore remarquer que c'est là une moyenne ; certaines mailles du réseau autrichien sont beaucoup plus larges; d'autres sont plus étroites. Mais si l'on veut une idée générale sans examiner en détail la topographie de l'Autriche, on a cette notion très simple que la maille du réseau est de 6 myriamètres. Si l'on imagine la même représentation du réseau allemand, l'équidistance moyenne des fils du réseau est de 4,2 myriamètres; ce qui donne à la maille une surface moyenne de 18 myriamètres carrés.

Cette simple juxtaposition des chiffres 4, 6, 16, qui expriment en myriamètres la distance des voies ferrées parallèles sur les trois réseaux, *allemand, autrichien, russe*, cette juxtaposition presque enfantine permet de mesurer la vitesse moyenne de la mobilisation dans chacun des trois Etats. Qu'est-ce que la mobilisation ? La mobilisation est l'opération par laquelle chaque bataillon, chaque escadron, chaque batterie est amenée du pied de paix au complet de guerre. Cette opération consiste dans le mouvement d'individus, hommes ou chevaux, quittant le labeur local de l'atelier et de la ferme, pour gagner la caserne du *bataillon*, de l'*escadron*, de la *batterie*.

La durée de cette opération dépend essentiellement : 1° de la distance de chacun des atomes, *hommes* ou *chevaux*, au noyau de mobilisation sur lequel ils doivent s'agglomérer pour former un bataillon, un escadron, une batterie ; 2° de la vitesse avec laquelle chacun de ces atomes peut parcourir cette distance. Il se passe dans cette opération quelque chose d'analogue à une dissociation chimique. La mobilisation fournit un précipité dont la formation est plus ou moins rapide suivant les deux données précédentes. La première donnée dépend de la population par myriamètre carré; plus cette population est dense, plus petite est la distance de chaque atome à son centre de précipitation. La seconde donnée dépend de l'état de la voie de communication liant chaque atome à son centre de précipitation. Par une voie ferrée, la vitesse de l'atome est vingt-quatre fois plus grande que sur une route ordinaire.

D'où, l'importance de la densité du réseau ferré sur cette seconde donnée. Suivant que la maille du réseau a 16, 6, ou 4 myriamètres de côté, l'atome situé au centre de la maille qui est attiré vers son centre de mobilisation doit parcourir 8,

3, ou 2 myriamètres avant de gagner la voie ferrée; d'où un retard pour l'atome, puisque sa vitesse est alors très faible. Un individu parcourt, avec plus ou moins de fatigue, 8 myriamètres en deux ou trois jours sur une route ordinaire. Par la voie ferrée, il opère en 2 ou 3 heures le même parcours avec une grande facilité. Il est aisé de comprendre combien la décomposition idéale des réseaux ferrés en mailles équidistantes rend immédiates les conséquences qui en résultent pour la mobilisation.

Mais ce n'est pas fini. Les atomes sont agglomérés en bataillons, en escadrons, en batteries. Les fils du réseau ferré ont été les canaux par où s'est effectuée cette agglomération. Il va s'agir de transporter les molécules, *bataillons, escadrons, batteries*, jusqu'à la frontière. Nouvelle utilisation du réseau. Ce nouveau transport constitue la concentration. La concentration comporte un travail plus considérable que la mobilisation. Par travail on entend ici le produit de la masse transportée par le chemin parcouru. La mobilisation a pour effet de réunir autour d'un centre local, les atomes épars dans une enceinte déterminée, définie quelquefois *subdivisions de région*. S'il existe cent quarante-quatre pareilles subdivisions sur le territoire de l'Etat, pour former une molécule, la distance moyenne est douze fois plus petite que la distance moyenne à parcourir par la molécule agrégée au chef-lieu de subdivision, lorsque cette molécule doit être transportée à la frontière.

Cette indication suffit à préciser l'importance relative des deux services rendus successivement par les voies ferrées pendant la mobilisation d'abord, pendant la concentration ensuite. Dans la mobilisation, c'est d'un grand nombre de petits parcours qu'il s'agit. A chacune des stations du réseau sont attirés les atomes qui se mobilisent jusqu'au centre local. Dans la concentration, c'est d'un petit nombre de longs parcours qu'il s'agit : de cent quarante-quatre stations de l'intérieur du réseau partent les molécules qui se concentrent vers un petit nombre de stations frontières, pour y composer par leur réunion des divisions et des corps d'armée. L'ensemble de ces molécules comprend : 1° les atomes mobilisés ; 2° les noyaux sur lesquels se sont soudés ces atomes ; 3° un matériel considérable. La masse des transports de concentration l'emporte sur la masse transportée pendant la mobilisation. Il n'est pas téméraire d'écrire que la masse *à concentrer* est à peu près trois fois plus grande que la masse à *mobiliser*.

Plus haut, il a été remarqué qu'en admettant cent quarante-quatre subdivisions de recrutement, on était conduit à un parcours moyen douze fois plus long pour la *concentration* que pour la mobilisation. De cette double considération, il résulte que la masse étant triple, le chemin douze fois plus long, le travail à réclamer des chemins de fer dans la concentration est trente-six fois plus considérable que dans la mobilisation. Il n'en faut pas plus pour expliquer : 1° la longueur de la période de concentration par rapport à la période de mobilisation; 2° la tension du service des voies ferrées dans la période de concentration par rapport à la période de mobilisation. On conçoit, en effet, qu'il n'y a guère de similitude dans les deux efforts. Demander au même organe deux travaux aussi différents, c'est assigner à leur accomplissement des conditions absolument différentes.

On voit, à l'évidence, que plus le réseau d'un Etat est long, plus les mailles en sont serrées, plus facilement est opéré le travail de la mobilisation d'abord, le travail de la concentration ensuite. L'infériorité du réseau russe, par rapport au réseau autrichien, en vue de la mobilisation, est marquée, au point de vue de la distance des *localités de chaque subdivision de recrutement* aux stations les plus proches. Cette infériorité apparaît, même par la pénurie de voies ferrées desservant les *centres de mobilisation*, à ce point que plusieurs de ces centres sont à une distance considérable de toute voie ferrée. Bien plus marquée encore est l'incapacité du réseau russe pour effectuer le travail de la concentration concurremment au réseau autrichien et concurremment au réseau allemand. Abandonnons les généralités ; entrons dans le détail des faits. La statistique du 31 décembre 1886, déjà citée d'après la *Revue Générale des Chemins de fer,* indique pour la Russie et la Finlande une population de 87 millions d'habitants. La même statistique enregistre une population de 47 millions pour l'Allemagne et de 41 millions pour l'Autriche-Hongrie, soit 88 millions pour les deux Etats alliés. Au point de vue du chiffre de la population, identité entre les adversaires. Il a été calculé plus haut quelle était la largeur moyenne de la maille du réseau ferré pour les trois Etats. La statistique déjà invoquée apprend qu'il y a en Russie 3 kilomètres de chemins de fer pour dix mille habitants; tandis qu'en Autriche, il y a 6 kilomètres pour la même population; tandis qu'en Allemagne il y en a 8 kilomètres.

Cette statistique est moins accablante pour la Russie que la statistique comparative des aires territoriales desservies par une longueur déterminée de voie ferrée. Néanmoins cette statistique suffit à faire sentir que, au point de vue des transports de guerre, l'instrument de concentration dont dispose la Russie, fera, en sept jours seulement, la besogne que feraient en trois jours l'instrument de l'Autriche et l'instrument de l'Allemagne.

Un ouvrage intitulé *Von der Weichsel zur Dniepr*, signé *Sarmaticus*, et vraisemblablement écrit par un officier allemand, contient les remarques suivantes, particulières à la mobilisation de l'armée russe. « La durée de la mobilisation ne peut être estimée que d'une façon approximative. Elle dépend, pour l'infanterie, des distances qui séparent les lieux de garnison des districts de recrutement et elle variera, en conséquence, avec les corps de troupes. *Ceux qui sont stationnés en Pologne et dans l'Ouest tirent presque tous leurs éléments de l'intérieur.* Il s'écoulera des semaines avant que les réservistes aient pu rejoindre leurs corps respectifs. » Que signifie cette affirmation de l'officier prussien ? Pourquoi les corps de troupes stationnés en Pologne et dans l'Ouest tirent-ils presque tous leurs éléments de l'intérieur ? Pour satisfaire à ces deux questions, il faut tenir compte de la situation extraordinaire de la Pologne. La Pologne appartient à la Russie de la même manière que l'Alsace-Lorraine appartient à l'empire allemand. Le Polonais hait le Russe avec autant d'énergie que l'Alsacien hait le Prussien. Telle est l'explication de la particularité relevée par *Sarmaticus* dans le recrutement des corps de troupes stationnés en Pologne.

L'ouvrage *Von der Weichsel zur Dniepr* a donné lieu à plusieurs critiques. Une de ces critiques, publiée en juillet 1886 dans la *Revue militaire de l'Etranger*, s'exprime ainsi (page 14) : « Sarmaticus ignore ou feint d'ignorer que les ressources du recrutement russe sont divisées en deux grandes catégories : l'élément dit *national*, et l'élément des frontières occidentales ou des *marches;* les garnisons sont divisées en deux catégories correspondantes : *intérieur* et *marches*. » Sans admettre les termes *ignore* ou *feint d'ignorer* qui ne sont guère justifiés aux yeux d'un lecteur impartial de l'ouvrage de Sarmaticus, il est intéressant de constater cette division qui répond à la séparation nette du territoire russe en deux régions distinctes. Continuons la citation de la *Revue militaire de l'Etranger* : « En temps de paix, les troupes de *l'intérieur* reçoivent ou prennent sur place, comme contingent annuel, trois quarts d'*éléments nationaux* et un quart des *marches;* les troupes des *marches*, trois quarts d'élément national pris à l'intérieur et l'autre quart sur place. » C'est entendu ; voici pour le temps de paix. Quant à la conclusion du rédacteur de la *Revue militaire de l'Etranger*, la voilà : « Cette répartition est-elle applicable aux réserves en cas de mobilisation ? C'est ce qu'on ne sait pas. Mais si nous étions à la place de Sarmaticus, et par prudence, nous supposerions que les troupes de Pologne, par exemple, prennent les trois quarts de leurs réservistes sur place et mobilisent leurs unités de campagne, sans attendre l'autre quart qui leur viendra de l'intérieur et trouvera sa place dans les formations *dites de réserve.* » *Sarmaticus* est dans le vrai, tandis que le critique de la *Revue militaire de l'Etranger* se trompe sur ce détail du recrutement polonais.

Il suffit d'avoir causé avec quelques-uns des mille Polonais exilés à Paris, pour être fixé sur ce différend. A défaut de cette conversation, que l'on ouvre les livres auxquels l'élite de la société polonaise confie ses douleurs et ses espérances !
« Les Serbes et les Roumains sont debout, en pleine possession de leur indépendance. La Bulgarie a trouvé de fermes et puissants protecteurs. Seule, la nation martyre dont le partage a été *le grand crime historique du siècle dernier* se voit toujours et quand même oubliée ! Vainement elle se redresse vivante et fière *sous le regard de ses persécuteurs!* Vainement le cri de ses enfants s'élève vers le ciel *pour demander vengeance!* Nul ne lui tend la main pour l'aider à reprendre sa place au foyer des nations. Il semble que l'indépendance, *sainte et sacrée pour les autres*, doive être pour elle, longtemps encore, la

terre promise qu'elle entrevoit de loin, comme les Hébreux du temps de Moïse, sans pouvoir y mettre le pied. » Voilà comment les Polonais apprécient et qualifient la puissance russe ! Voilà le concours moral des Polonais, aux Russes *leurs persécuteurs*. Le critique de la *Revue militaire de l'Etranger* saisit-il quel péril peut présenter à l'armée russe, un régiment, une division, un corps d'armée, où *tous les réservistes* seraient animés de pareils sentiments? Au reste, voilà ce que pense sur ce sujet M. de Newilinski, déjà cité tout à l'heure: « Eh bien ! malgré tant d'épreuves, *malgré tant de désillusions*, il semble que l'on nous croie encore susceptibles de nous laisser entraîner par de belles paroles. Déjà nous voyons se préparer *dans certaines sphères politiques*, une agitation que nous devons signaler comme dangereuse et qu'à ce titre *nous devons flétrir avec la dernière énergie.* Des brochures sont publiées à Paris, et de là répandues dans toute l'Europe, pour nous convier à *tendre la main à nos persécuteurs*, A NOUS RÉCONCILIER AVEC LA RUSSIE. On annonce même qu'une publication périodique va se créer tout exprès pour développer cette idée d'un *rapprochement nécessaire entre la Russie et la Pologne.* » L'écrivain de la *Revue militaire* se doutait-il que ce mince détail de mobilisation cachait le plus gros péril que coure l'empire russe, péril aussi menaçant que l'insuffisance des chemins de fer russes, péril encore plus évident que les trois portes ouvertes au nord, à l'ouest, au sud, sur le carré polonais, tandis que la porte de l'Est, la porte russe, est en face des marais de Pinsk!

Non! sans doute; aussi n'est-il pas superflu de poursuivre l'examen de l'état d'esprit des Polonais. Continuons d'interroger *la Pologne et les Habsbourg* auquel nous avons déjà emprunté deux citations : « Les personnalités si éminentes et si honorables qui sont, en France, à la tête de l'émigration polonaise *connaissent trop bien le sentiment national* pour songer un seul instant à favoriser de pareilles idées. Elles savent trop bien qu'*il y a des choses irréparables* et que, suivant l'expression de l'Écriture, les pierres mêmes se soulèveraient d'indignation en voyant les martyrs donner l'accolade fraternelle aux bourreaux. Lorsqu'un fossé rempli de sang humain sépare ainsi deux peuples, les montagnes pourraient s'écrouler sans parvenir à le combler. » Si le lecteur juge ces sentiments exprimés en métaphores trop hardies, qu'il prenne le soin de placer les souffrances de l'Alsace-Lorraine à côté des effroyables tortures de la Pologne et qu'il juge si les plaintes des victimes sont légitimes ! « Des générations entières travailleraient jour et nuit à y jeter toute la terre des campagnes voisines que le sang fumerait encore par-dessus leurs têtes... Le pardon viendra peut-être un jour ; *l'oubli et la réconciliation, jamais !* Quiconque a vécu, ne fût-ce qu'un jour ! de la vie polonaise, en est trop bien convaincu, pour se faire *l'apôtre d'un rapprochement à jamais impossible !* » Il est bon de reconnaître *ce qui se passe sous son nez*, selon la curieuse métaphore de Tourguéneff ; il y a donc lieu d'insister sur « l'état d'esprit polonais », tout aussi inconnu à plusieurs auteurs contemporains que l'état des communications entre la Pologne et les États voisins ; poursuivons en ce sens : « Il est possible que parmi les hommes d'État qui président aux destinées de la République française, il en existe quelques-uns qui, dans l'espoir d'une revanche, nourrissent l'arrière-pensée de s'allier avec la Russie, mais ceux-là aussi sont des politiques trop fins et trop avisés pour s'être arrêtés un instant à des rêveries absolument puériles. » La finesse et la circonspection prêtées par M. de Newilinski aux hommes d'État de la République française sont-elles de nature à les préserver de pareilles rêveries ? Il faut le souhaiter ; continuons cette lecture. Après avoir cité une brochure intitulée *Russie et Pologne*, M. de Newilinski s'écrie : « Ainsi, voilà qui commence à devenir clair. C'est parce que la Russie court un danger imminent que nous devons aller à son secours. C'est parce qu'elle sent dirigée contre elle la pointe de l'épée austro-allemande qu'elle veut se faire une arme nouvelle en se réconciliant avec la Pologne. Et l'on espère qu'il se trouvera des naïfs pour se prêter à ce jeu d'enfant ! »

A quoi bon prolonger pareille exposition ? Les sentiments des Polonais sont-ils assez clairs ? Justifient-ils les précautions des Russes ?

C'est au lecteur de décider. S'il doutait, il ferait bon mettre sous ses yeux certaine lettre datée de Cracovie — 16 août 1889.

— Cette lettre, écrite par un Polonais, montre clairement le *comment* et le *pourquoi* de l'antipathie féroce des Polonais à l'égard des Russes. Cette pièce est effrayante par sa date, encore plus que par la haine atroce qu'elle révèle. Elle a été publiée dans l'*Univers* du 28 août 1889. Elle tient deux longues colonnes. On comprend, après l'avoir lue, les sentiments des Polonais. Encore un coup ! Que l'on compare la situation actuelle de l'Alsace-Lorraine à la situation de la Pologne ! Que l'on juge si la haine des Polonais contre la Russie est légitime ! Cette lettre publie un rapport de M. Pobiedonostzoff, *procureur du syndic* de Saint-Pétersbourg. Ce rapport est un document de premier ordre sur la cruauté russe à l'égard des catholiques polonais. Le *Messager Officiel* de l'empire russe a commis une grave imprudence en faisant connaître ce rapport. Voilà sur ce document l'appréciation de l'*Univers* :

« Le procureur du syndic atteste que les *uniates du royaume de Pologne* observent en secret les pratiques du catholicisme, qu'ils baptisent en secret leurs enfants, *qu'ils vont se marier dans les églises cathol ques en Galicie*, qu'ils enterrent leurs morts sans la participation des prêtres et il ne cache pas que le gouvernement prête son appui à la conversion des uniates, *qu'il déporte en Sibérie ceux qui s'obstinent dans leur foi...* »

N'est-ce pas effrayant, cette constatation des pratiques officielles du gouvernement russe à l'égard des Polonais fidèles à la foi héréditaire ? Le *Kuryer Poznanski*, organe catholique qui se publie à Posen, a produit récemment trois lettres. Ces lettres sont effrayantes en ce qu'elles révèlent la haine que le peuple polonais ne peut épargner à ses persécuteurs. Ce sont les plaintes de Polonais fidèles à leur foi, déportés en Sibérie pour être restés catholiques. La première de ces lettres est datée du 23 octobre 1888 !

« Que Jésus-Christ soit loué de siècle en siècle. C'est par cette salutation que je commence ma lettre. Je vous envoie mon humble salut et l'assurance de mon profond respect, très cher monsieur, ainsi qu'à votre chère dame votre épouse et à tous vos enfants, les petits messieurs et les petites demoiselles. Toute ma pauvre famille joint ses salutations aux miennes et nous vous raconterons notre transportation. Ce voyage forcé a été horrible et douloureux au-dessus de toute expression. Il a duré trois mois et trois jours, et à la première étape on nous a confisqué *tout ce que nous avions emporté avec nous* et qui était *le reste de notre fortune*. Nous étions dépourvus de tout comme après un incendie, et avec ce qu'on nous a laissé de provisions nous avons souffert horriblement de la faim. *Mais ce qui était pour nous le plus douloureux, c'est qu'on nous avait séparés*. Ma famille a été expédiée quatre semaines avant moi et je ne savais pas ce qu'elle était devenue. Nous ne nous sommes revus qu'au bout du voyage, au fond de la Sibérie. O mon Dieu ! *combien les premiers moments de notre réunion ont été déchirants quand nous nous racontâmes tout ce que nous avons enduré les uns et les autres !* Nous sommes arrivés à Orenbourg par le chemin de fer, mais là la machine s'ar-

5.

rête, et d'Orenbourg à la ville de Czelaby nous dûmes aller à pied. Nous fîmes 45 jours de marche à travers un pays désert. Dans la petite ville de Czelaby, on nous fit monter dans des chariots à deux roues et on nous transporta à deux cents verstes plus loin, près des gouvernements de Permok et de Tobolsk. Là, on nous laissa pour y vivre. O Seigneur Dieu! quelle force miraculeuse donne la foi catholique! Comme elle est bienfaisante pour ceux qui la professent, et comme elle doit être redoutable pour l'esprit du mal et haïe par lui, puisqu'il nous persécute si cruellement et s'efforce par tous les moyens de nous détacher d'elle, ce dont préserve-nous, ô Dieu tout-puissant! Sauve-nous de ses pièges, protège-nous contre ses violences!... »

La seconde lettre, datée du 15 janvier 1889, est écrite par la même personne. Elle apprendra à bien des Français comment s'exerce la puissance russe à l'égard des Polonais fidèles à la foi catholique.

« Je vous demande bien pardon, cher monsieur, de vous avoir donné tant de soucis pour nous, car vous vous refusez bien des choses afin de nous envoyer un secours. Ce n'est pas pour cela que je vous ai écrit, mais parce que je vous aime sincèrement, vous et votre famille, et je sais que vous avez plus de miséricorde dans le cœur que de fortune. Ici, *pas moyen de manger du pain*, car il n'y a ni nobles, ni bourgeois, ni juifs même : il n'y a que des paysans russes, des Tartares, des Bashkirs, des Kirghizes, peuples hideux et ne connaissant pas la pitié. *S'ils voyaient quelqu'un mourir de faim, ils ne lui donneraient pas un morceau de pain...* Jusqu'au nouvel an, on nous payait 8 kopiejks par jour aux hommes grands et 4 kop. pour les enfants ; mais depuis ce nouvel an on ne paye rien et on nous a dit qu'il n'y a plus d'argent pour nous, après nous avoir dépouillés de tout notre bien. On nous a offert, il est vrai, des morceaux de terre et des maisons. Mais nous avons refusé. Nous ne voulons pas rester dans cet affreux pays, *où il n'y a pas d'églises, où les hivers sont très longs avec des froids de 40 degrés et où les habitants sont des sauvages.* Mais ce que nous demandons avant tout, c'est de pouvoir professer librement notre religion et avoir une église. »

Voilà la troisième lettre : la main qui l'a écrite est à un vieillard, à un homme âgé de soixante-treize ans. Quelles persécutions endurent les Polonais qui préfèrent l'exil à l'abjuration des croyances qui sont au fond de leur âme ! Cette troisième lettre porte la date du 20 janvier 1889 !

« Nous sommes à 1,000 verstes d'Orenbourg, parmi un peuple — que Dieu vous en garde! — pire que les juifs — pire que les mécréants. — Car le juif observe le sabbat, mais *ce peuple ne croit à rien.* Dans la semaine, il reste couché du matin au soir dans sa cabane, et le dimanche il se met au travail. *Oh! il est bien difficile de vivre parmi un tel peuple!* Le cœur se serre continuellement. Ils ne comprennent pas notre langue et nous ne comprenons pas la leur. Quand je viens chez l'un d'eux, il me montre qu'il ne sait pas ce que je veux ou me donne un signe qu'il n'a pas de pain. *Et nous n'avons pas du tout d'argent.* On nous a tout pris. Nous n'avons pas le moyen de nous procurer ni chaussures, ni habillement. Ceux que nous portons sont en loques, car on nous a permis seulement de prendre avec nous un bagage qui n'excéderait pas 30 livres, et il ne nous est pas possible de gagner de l'argent par le travail, car, depuis cinq ans, il y a disette *dans ce pays...* »

Le critique de la *Revue militaire de l'Etranger* comprendra-t-il, maintenant, pourquoi Sarmaticus ne « manque pas de prudence » en supposant que les Russes ne pourront mobiliser leurs bataillons, escadrons et batteries stationnés en Pologne au moyen de réservistes polonais ? Il est clair que Sarmaticus eût fait la part plus belle aux Russes en évitant de tenir compte du retard causé à leur mobilisation par ce fait singulier, que les transports de mobilisation, au lieu de se faire exclusivement *à l'intérieur de chacune des subdivisions de recrutement,* exigent l'échange de réservistes *entre subdivisions distinctes!* Mais la statistique doit-elle faire la part belle ? Non, certes ! son rôle est d'exposer. C'est au lecteur de faire ensuite la *part belle* à celui des partis que son caprice lui conseillera d'avantager. Sarmaticus a considéré les faits ; il a posé la question en statisticien émérite. Quand un critique conteste cette *position de la question* en faisant remarquer que la mobilisation *peut être supposée* dans d'autres conditions, sa critique mérite d'être pesée. Cela a été essayé ici un peu longuement, pas trop pourtant, eu égard à l'autorité dont la *Revue militaire de l'Etranger* jouit auprès du public français.

Rien que de ces deux traits : 1° Longueur actuelle des voies ferrées, 2° Complexité des opérations de mobilisation, résulte pour la *mobilisation* de l'armée russe un retard de dix à onze jours sur la *mobilisation* de l'armée autrichienne et sur la mobilisation de l'armée allemande ; à ce retard il faut ajouter le retard correspondant aux opérations de *concentration*. A quoi bon tant insister sur ces retards ? pensera le lecteur. Le premier retard ne suffit-il pas à démontrer l'infériorité de l'armée russe à ce point de vue ? Pourquoi retourner la question de tant de sortes ? La raison : la voilà ! Nous nous occupons de statistique. La statistique est la base de la comparaison à établir entre le double flot de molécules armées versé sur les quatre (*trois et une*) faces du carré polonais par les deux réseaux, austro-allemand et russe.

Nous avons montré que les molécules du flot austro-allemand étaient combinées dix jours avant les molécules du flot russe. Pendant dix jours, le réseau austro-allemand versera ses molécules en Pologne avant que le groupement des atomes russes en molécules soit achevé. C'est un premier phénomène. Le second point consiste à comparer le débit de molécules fourni par le réseau russe comparativement au débit fourni par le réseau austro-allemand ; cela c'est le chef de la *concentration*.

D'après ce qui a été constaté plus haut au sujet des chiffres qui expriment pour les trois Empires l'*aire moyenne de la maille* du réseau ferré et la *longueur de réseau* correspondant à un million d'habitants dans chacun des trois Etats, il est facile de prévoir que l'instrument de concentration de l'armée russe exécutera dans un temps donné, dans dix jours par exemple, un travail moindre que l'instrument de concentration des deux Empires alliés. Pour fixer minutieusement les rendements des réseaux de concentration russe et austro-allemand, il faudrait une lente analyse des voies ferrées composant chacun des deux réseaux. La courbure des divers tronçons, leurs rampes, la longueur de leurs quais de débarquement, le développement de leurs quais d'embarquement, leur mode d'exploitation en temps de paix, le genre des signaux usités sur ces lignes, sont les principaux éléments qui permettraient d'apprécier chacun des rendements partiels des diverses voies aboutissant à la frontière.

Faute de temps, faute d'espace pour conduire une analyse de ce genre à travers les pages d'un petit livre, on est contraint à compter simplement les lignes aboutissant à la frontière; à peine a-t-on le loisir de distinguer les lignes à deux voies, les lignes à une voie, les lignes à voie étroite. C'est ainsi, du reste, qu'ont procédé la plupart des auteurs militaires qui ont traité ces questions pour le public. Nous ferons de même. Cependant, après avoir énuméré des chiffres, il ne sera pas hors de propos de rappeler les réflexions suivantes formulées en 1878 après les transports de concentration ayant amené l'armée russe sur le Danube. Ces remarques sont empruntées au *Lœbell's Jahresbericht*.

« Abstraction faite de l'insuffisance du réseau, les chemins russes n'ont pu développer une grande activité dans les transports militaires parce qu'ils n'ont qu'une voie, *parce qu'ils sont trop faiblement dotés en matériel roulant*, parce que les distances sont trop grandes entre les stations, etc. Les agents font leur service en temps de paix d'une façon patriarcale et pleine de laisser-aller ; tout le personnel est habitué à une existence paisible, machinale, et ne serait guère *préparé à un travail et à des difficultés extraordinaires*. Que les autorités militaires se soient préoccupées de la question des transports militaires, qu'elles aient préparé avec soin tout le travail, elles ne pourront pas néanmoins venir à bout des habitudes de nonchalance et de la routine du personnel. Des lignes qui n'ont que 4 à 6 trains par jour ne pourront pas facilement en fournir 18 par 24 heures. Un surcroît d'activité ne pourra pas surtout se maintenir longtemps. »

Voilà une appréciation. Est-elle téméraire ? Non, certes ! Faut-il l'admettre ? Oui, car les affirmations qu'elle invoque sont conformes aux faits. La catastrophe de Borski est venue l'an passé confirmer d'une manière sinistre cette citation des *Annales de Lœbell*. Voilà la conclusion : « On ne peut donc pas appliquer aux chemins de fer russes les données d'expérience adoptées pour l'exploitation des chemins de fer allemands. On ne risque pas de se tromper en affirmant que la concentration des forces russes sera trois fois plus longue que celle des troupes allemandes. » Combien de temps exigera la concentration des troupes austro-allemandes? Une semaine au moins, deux semaines au plus. Au reste, point n'est besoin d'un chiffre absolument précis, si l'on admet *grosso modo* que les effectifs concentrés en une semaine par les chemins de fer austro-allemands seront triples des effectifs concentrés pendant le même temps par les chemins de fer russes.

Plus haut, en citant la statistique des chemins de fer européens publiée en 1888 par la *Revue générale des Chemins de fer*, il a été prouvé que la maille du réseau des chemins de fer russes avait 16 myriamètres de large, tandis que la maille du réseau austro-allemand avait 5 myriamètres de large. Cette assertion revient à dire que, *à priori* et jusqu'à preuve contraire, l'équidistance des voies ferrées aboutissant à la frontière est de

16 myriamètres sur l'empire russe et de 5 myriamètres sur le réseau austro-allemand. Si l'on prend le soin de colorer, sur les territoires des trois Empires, les lignes aboutissant à la frontière polonaise et de compter ces lignes, on en trouve seize sur le territoire austro-allemand et on en découvre cinq sur le territoire russe. Ces deux chiffres sont la justification de la conclusion formulée *à priori* sur le rapprochement relatif des voies ferrées sur les deux réseaux. Ces deux chiffres concordent assez bien avec la conclusion précitée des *Annales de Lœbell* sur le rendement relatif des réseaux au point de vue de la concentration. Ces deux chiffres sont même un peu plus avantageux au réseau austro-allemand que ne l'est l'appréciation sommaire des *Annales de Lœbell* sur le rendement relatif des réseaux au point de

vue de la concentration, puisque le rapport de 16 à 5 est un peu supérieur à 3. Mais, dira le lecteur, y a-t-il bien 16 lignes de concentration sur l'empire austro-allemand et 5 lignes seulement en Russie?

C'est là une question dont la réponse se ferait la carte à la main ; nous pourrions bien énumérer, une à une, les seize lignes allemandes et citer les cinq lignes russes. Nous hésitons à entamer cette énumération de localités. Que le lecteur veuille bien l'essayer lui-même. Dans cette répartition des réseaux ferrés en faisceaux de lignes normales à la frontière polonaise et en faisceaux de lignes parallèles, il reste une part à l'arbitraire, car il est des *lignes obliques* qui sont aussi difficiles à classer comme *normales à la frontière* que comme *parallèles*. En poussant à l'extrême la classification et en comptant comme normales à la frontière polonaise toutes les lignes susceptibles d'être ainsi considérées, on peut compter jusqu'à dix-neuf lignes de concentration du côté de l'Ouest de la Pologne et jusqu'à six lignes de concentration du côté de l'Est. Il est facile de constater que cette classification différente altère fort peu la puissance relative des deux réseaux.

Nous voilà parvenus sans trop de détours à travers les méandres de la géographie à deux considérations très précises : 1° La mobilisation austro-allemande est achevée dix jours avant la mobilisation russe ; — 2° En dix jours de concentration, les chemins de fer austro-allemands font triple besogne des chemins de fer russes. Par le rapprochement de ces deux conclusions, il est aisé de saisir quelle sera la situation militaire en Pologne, à l'heure précise où la Russie aura achevé sa mobilisation. Il se sera écoulé dix jours depuis que les armées austro-allemandes auront achevé leur mobilisation.

Combien de soldas aura transportés en Pologne le réseau austro-allemand pendant ces dix jours? Le premier jour, le réseau de concentration en aura transporté cent soixante mille, à raison de dix mille par ligne de concentration. Il y a des lignes qui porteront plus que ce nombre, d'autres qui transporteront un peu moins. Bref, dix mille est une moyenne. Elle est admise couramment comme compatible avec la capacité de transport des chemins de fer allemands et autrichiens. Dix mille hommes avec les canons et les chevaux qui leur correspondent, cela fait quotidiennement de trente à quarante trains. Le matériel de transport allemand et autrichien peut fort bien y satisfaire. En somme, au bout de dix jours, le réseau des Empires alliés aura débarqué en Pologne un million et six cent mille soldats. A ce moment, la mobilisation russe sera achevée. Les transports de concentration de l'armée russe commenceront.

L'état-major allemand aura-t-il attendu ces dix jours pour entamer les hostilités? Il semblera probable que non à la plupart des lecteurs; car, à quoi bon commencer avec seize cent mille soldats? La moitié de ce chiffre aura suffi pour entamer la lutte « *avec le glaive qui coupe bras et jambes* », suivant la vigoureuse expression de Clausewitz.

Avec huit cent mille soldats dûment accompagnés de l'artillerie et de la cavalerie correspondant à ces soixante divisions d'infanterie (trente corps d'armée!) l'armée austro-allemande aura bien avancé la campagne en Pologne! Durant les cinq derniers jours de la mobilisation russe, l'armée prussienne aura fait cent kilomètres vers Kobrin, en passant par Bialystok, et en franchissant la Narew; l'armée autrichienne aura fortement prononcé sa marche vers Kobrin, dans la direction du haut Pripet. Kobrin est l'objectif commun des deux armées alliées, la localité où elles doivent se donner la main pour fermer le cercle de fer autour des troupes russes de la Pologne. Kobrin est à deux cents kilomètres de Prostken, point où la ligne Varsovie-Kœnigsberg coupe la frontière polonaise. Kobrin est à cent soixante-quinze kilomètres de Sokal, le terminus du réseau Galicien. En cinq jours, le centre de l'armée prussienne sera plus qu'à moitié chemin de Kobrin, il sera au delà de Bialystok, il aura franchi la Narew. En cinq jours, le centre de l'armée autrichienne sera plus qu'à moitié chemin de Kobrin, il sera sur le Pripet, à hauteur de Wlodawa (sur le Bug).

A ce moment, fin du quinzième jour des hostilités, dernier jour de la mobilisation russe, il aura déjà été livré une ou deux grandes batailles, ou tout au moins un très grand nombre de combats par les colonnes prussiennes attaquant Bialystok contre les troupes russes du nord de la Pologne, par les colonnes autrichiennes attaquant Wlodawa contre les troupes russes du sud de la Pologne. Quel aura été le résultat de ces batailles? La repartie précise à cette question est le secret de l'avenir. Cependant, à la façon de bien des secrets, celui-là n'est pas si bien gardé qu'on ne puisse le deviner. L'armée prussienne marchant sur Bialystok poussera ses ailes au delà de Grodno et de Malkin, à plus de soixante kilomètres a droite et à gauche du centre. Cinq cent mille hommes ont besoin de plus de cent vingt kilomètres de front pour se déployer à l'aise. L'armée autrichienne marchant sur Wlodawa aura ses ailes vers Chelm et vers Kowel, avec un front de quatre-vingt-dix kilomètres pour ses trois cent mille soldats. Quels effectifs opposeront les Russes aux deux groupes prussien et autrichien? Pas beaucoup plus que les corps de troupes actuellement stationnés en Pologne, *ces corps de troupes étant portés à leurs effectifs de guerre par la mobilisation*, c'est-à-dire étant à peu près doublés.

Quels sont les effectifs russes stationnés en Pologne? La solution de cette question a été ébauchée en février 1888 dans la *Revue militaire de l'Etranger*. Depuis cette époque, les troupes russes en Pologne ont été augmentées. Cette augmentation n'est pas fort importante. Elle est d'ailleurs facile à énoncer d'après chacune des modifications apportées depuis le printemps 1888 à l'assiette des troupes russes et à leur organisation. C'est au point de vue statistique que la *Revue militaire de l'Étranger* est invoquée ici. C'est touchant cet objet spécial que ses travaux ont le plus d'autorité, ils passent pour être l'expression des renseignements officiels obtenus par le ministère de la guerre français au moyen des organes perfectionnés d'investigation dont il dispose. Le travail cité est intitulé : *Les forces en présence aux confins de la Pologne.* « Des quatorze circonscriptions militaires de l'empire russe, quatre forment la frontière occidentale : ce sont les circonscriptions de Vilna, de Varsovie, de Kiev, d'Odessa. » La circonscription de Vilna a une superficie de 3,920 myriamètres carrés, soit de 63 départements français. Elle est divisée en trois corps d'armée : le III⁰ à Riga, le II⁰ à Vilna, le IV⁰ à Minsk. Telle est sommairement l'organisation de la circonscription de Vilna qui touche la Prusse au nord de la circonscription de Varsovie, celle qui intéresse particulièrement notre examen. « La circonscription militaire de Varsovie, comprenant tout l'ancien royaume de Pologne, moins le gouvernement de Souvalki, s'avance comme un coin entre la frontière allemande qui la limite au nord et à l'ouest, et entre la frontière autrichienne qui la borne au sud. A l'est, la circonscription de Varsovie est séparée de la circonscription de Vilna par le cours du Bug. » La circonscription de Varsovie, qui correspond assez bien à ce qui a été qualifié, dans cette étude, de *carré polonais*, « possède une superficie de 1,100 myriamètres carrés, soit de 17 départements français ». La circonscription de Varsovie est divisée en trois corps d'armée. Leurs quartiers généraux sont : Varsovie pour les Ve et VIe corps, Lublin pour le XIVe corps. La circonscription de Varsovie comprend en outre : 1 division d'infanterie, 2 divisions de cavalerie indépendante, 1 brigade de cavalerie de la garde, 2 brigades de chasseurs.

Voilà en gros les troupes russes de la Pologne. Entrer dans le détail serait pour fatiguer l'attention. Le VIe corps comprend trois divisions d'infanterie, la 4e, la 6e, la 8e, et une division de cavalerie, la 6e; entrer dans l'énumération des régiments et des garnisons n'est pas dans nos intentions; que le lecteur se reporte au 1er semestre 1888 de la *Revue militaire de l'Étranger*, s'il désire ces détails. Les trois divisions d'infanterie précitées ont leurs quartiers à *Lomja*, à *Plotsk,* à *Varsovie*. Varsovie est aussi le quartier général de la 6ᵉ division de cavalerie. Quant au Vᵉ corps, il comprend deux divisions d'infanterie, la 7ᵉ et la 10ᵉ, et une division de cavalerie, la 5ᵉ; leurs quartiers généraux sont *Radom, Varsovie, Vlotslavsk*. Le XIVᵉ corps comprend deux divisions d'infanterie, la 17ᵉ et la 18ᵉ, et une division de cavalerie, la 14ᵉ. Leurs quartiers généraux sont à *Siedletz*, à *Lublin*, à *Kieltsy*. Au printemps de 1888, les troupes de la circonscription de Varsovie se composaient de 136 bataillons d'infanterie et de chasseurs, 132 escadrons, 59 batteries. dont l'effectif s'élevait à 5,038 officiers, 122,273 hommes, 25,475 chevaux, 266 canons attelés. C'est le total fourni à la page 75 du 1ᵉʳ semestre 1888 de la *Revue militaire de l'Étranger.*

Poursuivons cette statistique : « La circonscription militaire de Kiev, limitrophe de celle de Vilna au nord, et de celle de Varsovie à l'ouest, confine à la frontière autrichienne jusque vers Kamenetz-Podolsk. Au sud, elle est limitée par une ligne qui, se détachant de la frontière galicienne au-dessous de Kamenetz, se dirige sur Soroki, s'avance jusqu'au nord de Kichinef... » Bref, la circonscription de Kiev, qui, avec celle de Vilna, nous intéresse à cause de sa contiguïté avec le carré polonais, a une superficie de 1,640 myriamètres, soit de 27 départements français. Deux corps d'armée (XIe à *Jitomir* et XIIe à *Kiev*) sont stationnés sur la circonscription de Kiev. Le XIe corps « se compose des 12e et 32e divisions d'infanterie » à *Loutsk* et à *Jitomir*, et de la 11e division de cavalerie à *Doubno*. Le XIIe corps « se compose des 12e et 33e divisions d'infanterie » à

Méjibouge et à *Kiev*, et de la 12ᵉ division de cavalerie à *Kiev*.

Le lecteur peut remarquer le double emploi qui résulte des deux citations qui précèdent. Il y a évidemment là une coquille. Elle n'aurait pas été conservée ici, si elle n'avait une gravité particulière. La page 76 de la *Revue militaire de l'Étranger* répète cette coquille autant de fois qu'elle mentionne la *division du XIᵉ corps stationnée à Loutsk*. En réalité, cette division porte le numéro 11 et non le numéro 12. Il est facile de s'en assurer en consultant (tome III, page 128) la *Géographie militaire* de Marga qui présente les « *Emplacements et compositions des Corps d'armée* » russes. Cette confusion est des plus fâcheuses, dans un ouvrage de statistique aussi important que la *Revue militaire de l'Étranger*. Elle est un indice de la légèreté avec laquelle sont revues des études sérieuses par leur objet, sérieuses par le public auquel elles s'adressent. Dans le cas dont il s'agit, il est absolument impossible au lecteur de départager son incertitude touchant la véritable 12ᵉ division d'infanterie, et de deviner le numéro de la fausse 12ᵉ division d'infanterie. Pour sortir de cet embarras, il faut ouvrir un autre ouvrage, Marga, par exemple, ou l'ouvrage de Rau sur l'*État militaire des puissances Européennes* (page 502), ou bien encore la carte de dislocation de l'armée russe. Cela est bien facile! dira-t-on. Non! cela n'est pas toujours facile. Rien de plus dangereux que les erreurs de ce genre dans les ouvrages didactiques. Et si nous avons pris cette occasion d'insister sur cette erreur, c'est que pareilles erreurs fourmillent dans la *Revue militaire de l'Étranger*. C'est à la grosse qu'on les recueille.

La négligence que révèle ce mode de faire est extrêmement préjudiciable au bon renom de notre haut enseignement militaire. Bien peu de gens sont à même de constater ces négligences ; cela est vrai. C'est une raison de plus pour ceux qui les découvrent de ne pas encourager la continuation de pareils errements.

Il a été présenté plus haut la décomposition des troupes russes stationnées sur le carré polonais. Sur les circonscriptions contiguës de Vilna et de Kiev, la même décomposition est utile à citer. Pour la circonscription de Vilna, elle donne : 4,292 officiers, 101,365 hommes, 18,857 chevaux, 36 canons attelés, composant 132 bataillons, 72 escadrons et 54 batteries. Sur la circonscription de Kiev, on trouve : 2,390 officiers, 50,264 hommes, 9,712 chevaux, 132 canons attelés. Cet examen des forces russes stationnées en Pologne et près de la Pologne, sur une superficie équivalente à 107 départements français, suffit au point de vue de la recherche qui nous préoccupe. Il y a beaucoup à dire au sujet de l'importance des effectifs russes stationnés sur ces trois circonscriptions ; importance qui frappe, si l'on compte les effectifs allemands et autrichiens stationnés de l'autre côté de la frontière ; importance qui s'évanouit, si l'on devine les effectifs allemands et autrichiens que déversera, en une semaine, le réseau ferré. Rien de plus dangereux que de se faire illusion sur les effets de la concentration, parce que les effectifs stationnés l'emportent d'une centaine de mille hommes pendant les quelques heures qui précèdent la concentration ! Faire fond sur une supériorité de ce genre comme sur une supériorité offensive est une idée d'autrefois, du temps qui a précédé les succès de la Prusse en 1866 et en 1870.

Cette supériorité du moment ne résiste pas au torrent de forces versé par la concentration qui a bien vite raison d'un excédent d'une centaine de mille hommes! Bref, le réseau ferré est l'instrument de guerre, c'est le dispensateur de la supériorité des effectifs. Ce réseau a été l'agent de la victoire de la Prusse en 1866, l'outil de la prépotence de la Prusse en 1870, il sera bien plus encore l'engin de supériorité de la Prusse dans une guerre contre la Russie. L'Autriche, en 1866, la France, en 1870, avaient une excuse; c'était leur ignorance du rendement militaire des voies ferrées. Cette ignorance paraîtra énorme aux gens qui n'auront pas vécu à notre époque. Elle est, en effet, des plus graves, surtout si l'on considère l'incurie de 1870, ayant survécu à la leçon de 1866. La négligence de la Russie en 1877, quand il s'est agi des transports de concentration sur le Danube, paraît encore plus difficilement explicable après la nouvelle leçon de 1870 ! Pourtant le fait est là, il crève les yeux. Quant à l'ignorance de 1889 relativement au même objet, ce n'est pas ici le lieu de l'expliquer. La question n'est pas là ; elle est d'établir la statistique des forces et la mesure des délais de concentration. C'est la tâche de ce livre.

La statistique des forces russes en Pologne et dans les deux régions contiguës a été reproduite d'après la *Revue militaire de l'Étranger*. Cette statistique a inspiré à cette *Revue* les considérations suivantes, reproduites ici sous toutes réserves : « Si l'on se bornait à rapprocher les nombres que nous venons de citer, et à considérer le total auquel s'élèverait leur addition, comme représentant l'effectif des troupes russes RASSEMBLÉES sur les frontières allemande et autrichienne, on commettrait, à notre avis, une *erreur qui dénaturerait les faits.* Il nous semble que c'est cependant ce procédé qu'ont employé *la plupart des journaux étrangers,* dans la polémique à laquelle a donné lieu la question. » Cette réflexion est juste. Pour l'objet qui nous intéresse, savoir : le carré polonais, il y a lieu de considérer comme pouvant agir contre l'offensive austro-allemande, précisée par les fronts *Malkin-Grodno* et *Kowel-Lublin,* la moitié ou le quart seulement des forces stationnées sur les circonscriptions de Vilna et de Kiev. La *Revue militaire de l'Étranger* poursuit ainsi ses remarques sur la statistique précédente : « Pour apprécier avec exactitude la situation faite respectivement aux armées allemande, autrichienne et russe par leur dislocation du temps de paix dans la région qui nous occupe, il est indispensable de tenir compte des distances qui séparent les troupes de la zone frontière et du réseau des voies de communication dont ces troupes pourraient disposer pour effectuer leur concentration. » Cette dernière observation vise l'ordre d'idées indiqué plus haut, dans notre analyse comparée des réseaux ferrés.

La *Revue militaire* émet encore quelques remarques intéressantes à relater ici, au point de vue de la région particulière, théâtre présumé de la double offensive prussienne et autrichienne dirigée sur Kobrin : « Si l'on envisage à ce double point de vue la répartition des troupes russes dans les circonscriptions de Vilna et de Kiev, on est frappé des distances considérables qui séparent les lieux de garnison, ainsi que de la largeur des mailles du réseau ferré qui relie les principales villes entre elles. » Cette constatation est appuyée de quelques chiffres, citons-les : « Dans la circonscription de Vilna, le IIIe corps a les quartiers généraux de ses deux divisions d'infanterie à Riga et Dunabourg, soit, à vol d'oiseau, à 186 kilomètres l'un de l'autre et à 217 kilomètres par la voie ferrée; Riga est, en outre, à 225 kilomètres environ de la frontière allemande, et Dunabourg en est à plus de 275 kilomètres. » La *Revue militaire* présente encore d'autres chiffres : « Le IVe corps a ses forces réparties depuis Bielostok jusqu'à Vitebsk, soit sur une profondeur de 510 kilomètres. Quant aux voies ferrées, sur les 35 villes de garnison que renferme la circonscription, elles n'en desservent que 23. » Ces constatations formulées au commencement de 1883 sont encore exactes à l'heure présente. Les changements à y apporter sont insignifiants.

La *Revue militaire* ne songe pas à attribuer à cette statistique des voies ferrées le caractère rigoureux essayé plus haut. Précisément à cause de la simplicité et de l'absence de système qui règne dans cette étude, les indications en sont utiles à citer. « De même, dans la circonscription de Kiev, les troupes qui se trouvent dans cette ville sont à plus de 300 kilomètres du point le plus rapproché de la frontière autrichienne. La 32e division (quartier général Jitomir) en est à plus de 200 kilomètres, et ses éléments extrêmes en garnison à Zaslav et à Tcherkasy sont distants de 375 kilomètres environ. Enfin, sur 27 villes dans lesquelles sont réparties les troupes, 13 seulement sont desservies par une voie ferrée. » Le but de la *Revue militaire*, dans cette statistique des « *forces en présence aux confins de la Pologne* », est d'indiquer l'état de la question sans chercher des conclusions précises comme le présent livre cherche à le faire. La *Revue militaire*, après avoir compté les forces russes, compte les forces prussiennes stationnées sur une zone distante de 150 kilomètres de la frontière polonaise ; elle y énumère (nous résumons ses recherches) 106 bataillons, 90 escadrons, 69 batteries comprenant 92,671 officiers et soldats et 18,975 chevaux.

La *Revue militaire* accompagne cette statistique d'une observation judicieuse : « Examinée au double point de vue des distances qui séparent les lieux de garnison et du réseau ferré qui les met en communication, la dislocation de l'armée allemande offre un caractère tout autre que celle de l'armée russe. D'une part, en effet, la densité de l'agglomération des troupes en Allemagne est beaucoup plus considérable qu'en Russie, car la superficie sur laquelle elles sont réparties ne correspond qu'à celle d'environ 21 départements français; d'autre part, il n'y a pas une seule ville de garnison qui ne soit desservie par un chemin de fer. *Bien qu'il n'y ait pas nécessairement un rapport très étroit entre la répartition des troupes dans leurs garnisons du temps de paix et leur groupement probable en temps de guerre*, il n'en est pas moins évident que la situation actuelle, à ne considérer que l'assiette des troupes, est toute à l'avantage de celles de l'Allemagne. » Cette dernière phrase peut être entendue en plusieurs sens. Nous préférons y voir une allusion à l'hypothèse où l'offensive russe serait tentée de s'exercer contre la Prusse avant la concentration, c'est-à-dire *avant l'achèvement de sa propre mobilisation.*

Cette hypothèse mérite d'être examinée. La *Revue militaire* observe qu'alors l'assiette des garnisons donnerait à l'armée prussienne assaillie avant la fin de sa mobilisation une solidité qui ferait défaut à l'armée russe attaquée dans les mêmes conditions. La *Revue militaire* établit ensuite la statistique des forces autrichiennes stationnées en Galicie : elle y trouve (page 188) un total de 37,759 officiers et soldats et de 11,472 chevaux formant 59 bataillons, 54 escadrons et 26 batteries ; elle formule ces considérations : « Toutes les villes de garnison énumérées et qui sont occupées par les Ier et XIe corps autrichien sont dans la zone comprise entre les Carpathes et la frontière russe, à une distance de celle-ci qui ne dépasse pas 150 kilomètres. Cracovie, Przemysl et Lemberg, les trois centres les plus importants de cette région sont respectivement à 15, 55 et 80 kilomètres environ du territoire russe. En outre, le réseau des voies ferrées qui sillonnent cette région, bien qu'à mailles plus larges que celui des chemins de fer allemands, dessert néanmoins presque toutes les villes de garnison ; deux seulement, Wadovice et Brzezan, sont en dehors et encore sont-elles de peu d'importance. Les troupes austro-hongroises se trouvent donc, par rapport à celles de la Russie, dans une situation analogue à celle des troupes allemandes et nous considérerons comme rassemblés sur la frontière les deux corps d'armée de la Galicie. » La statistique accusait au printemps de 1888 les totaux qui suivent pour les forces austro-allemandes aux confins de la Pologne : 130,413 officiers et soldats, 30,447 chevaux, répartis entre 165 bataillons, 144 escadrons et 95 batteries.

Revenons à l'armée russe; voici ce que remarque la *Revue militaire :* « Ne semble-t-il pas rationnel de rechercher le nombre d'hommes dont elle dispose dès le temps de paix dans une zone de même étendue que celle où sont réparties les troupes allemandes et autrichiennes et de ne mettre en regard de celles-ci que les éléments russes stationnés dans cette zone? Ainsi comprise, la comparaison devient exacte, puisque les termes en sont identiques. » La *Revue militaire*, en procédant ainsi, établit un total de 240 bataillons, 216 escadrons et 101 batteries comprenant 199,328 officiers et soldats, et 40,952 chevaux.

La statistique révèle ainsi pour l'armée russe une supériorité de 68,915 hommes et de 10,505 chevaux pour les effectifs du pied de paix. La *Revue militaire* commente ainsi cette supériorité : « Le nombre, en l'état actuel, serait donc en faveur des forces russes. Mais il importe de ne pas perdre de vue que la dislocation des troupes de paix n'est pas le seul élément qui ait de l'influence sur leur plus ou moins grande facilité à se concentrer en temps de guerre. Or, en ce qui concerne la rapidité des mouvements, nous croyons qu'un simple coup d'œil sur la carte ne peut laisser aucun doute sur les avantages que possèdent les troupes allemandes et austro-hongroises. Il est possible d'admettre, sans être taxé d'exagération, que l'inégalité des forces actuellement en présence disparaîtrait en peu de jours, que l'équilibre ne tarderait pas à s'établir, et, en un mot, que les *concentrations* allemandes et autrichiennes seraient plus rapides que la *concentration* russe. » Ces réflexions vagues de la *Revue militaire* manquent de compréhension, en ce sens que non seulement la *concentration*, mais encore la MOBILISATION serait beaucoup plus rapide pour l'armée austro-allemande que pour l'armée russe.

Si l'écrivain de la *Revue militaire* avait réfléchi à ce trait, il aurait donné un autre tour à la remarque par laquelle il termine : « Il est permis de supposer que les masses considérables de cavaliers que la Russie entretient sur ses frontières auraient pour premier objectif de faire perdre à l'ennemi une grande partie de l'avance que lui procure l'abondance des voies ferrées dont il dispose. » Ce point de vue, qui est sans doute en faveur dans l'armée russe, suppose que les 10,505 chevaux constituant la supériorité d'effectif de cette armée pourront produire le grand résultat de faire perdre à l'ennemi « une grande partie » de son réseau ferré ! Ces dix mille chevaux sont bien peu de chose. S'il est un fait évident, c'est la facilité avec laquelle un millier de fantassins défient l'attaque d'un nombre égal et même double de cavaliers voulant forcer une route. Trois ou quatre jours après l'ouverture d'hostilités, la mobilisation *austro-allemande* des corps frontières sera achevée. A ce moment, la supériorité des dix mille cavaliers russes sera compensée par la supériorité de soixante mille fantassins austro-allemands. En effet, les trois premiers jours de la mobilisation, en portant au pied de guerre les effectifs austro-allemands, auront renversé la supériorité numérique des infanteries.

Il faut donc borner à trois jours le plein de la période après laquelle la supériorité des dix mille cavaliers n'aura aucun sens. Que peut faire en trois jours l'offensive de la cavalerie russe ? Quel rayon peut embrasser cette offensive ? Mettons cent kilomètres. C'est beaucoup! mais enfin, ce n'est pas cela qui enlèvera au réseau austro-allemand « la plus grande partie » de sa puissance. Et encore ! sur ces cent kilomètres, quel genre de destructions pourra produire la cavalerie russe ? Rien, évidemment, aux points très importants, ponts, tunnels, prises d'eau ; car, en ces points, les cavaliers russes trouveront certainement des fantassins à qui parler. C'est seulement sur des points non occupés des lignes que les cavaliers russes produiront des destructions éphémères réparées le quatrième jour de la mobilisation, lorsque les bataillons mobilisés de la région frontière auront une supériorité numérique écrasante, *surtout en raison des bataillons mobilisés se pressant derrière eux* pour les secourir.

Le gros effectif de la cavalerie russe permettra de troubler la *mobilisation* des corps frontières par voie ferrée, en interrompant les lignes. Telle paraît être la portée de cette supériorité. Quant à supposer que ce gros effectif permette de pousser à deux cents kilomètres de la frontière, cela paraît incompatible avec les obstacles à heurter, obstacles matériels et obstacles humains. Ce n'est pas une supériorité de dix mille cavaliers et de soixante-dix mille fantassins sur une pareille étendue de frontière, mais bien une supériorité double sur le quart de la frontière, par exemple de Cracovie à Lemberg, qui permettrait de prendre au sérieux une offensive de ce genre poussée à fond jusqu'à deux cents kilomètres, de manière à occuper plusieurs heures les gares importantes, les ponts, les tunnels et à leur faire subir des destructions exigeant une semaine de travaux, ou même davantage, pour être réparées.

Avec l'énorme puissance défensive du fusil d'aujourd'hui, ce n'est pas sans coup férir qu'une armée peut enlever des postes retranchés défendus à outrance par des détachements ayant ordre de tenir plusieurs heures pour donner le temps à la résistance de s'organiser en arrière. En fixant à cent kilomètres la zone susceptible d'être effleurée par la cavalerie russe pendant les trois jours qui lui sont accordés par l'accomplissement de la mobilisation austro-allemande, il est fait bonne mesure. Il est facile de marquer d'avance les routes et les chemins aboutissant aux points intéressants de la voie ferrée, il est vite fait d'y installer une ou deux barricades avec une douzaine de fusils de manière à faire perdre une heure ou deux à l'escadron qui veut passer. Dans ces conditions, l'escadron ou les escadrons n'arriveront pas à leur objectif avant d'avoir été signalés, précédés par les troupes volantes prêtes à monter en wagon pour gagner les points menacés et reçus à coups de fusil, réception bien gênante pour des cavaliers ! Bref, en dehors d'actions de vive force opérées par les trois armes, la destruction des voies ferrées réussira rarement en face d'une organisation défensive aussi étudiée, aussi perfectionnée, qu'on peut l'attendre de l'état-major allemand et de l'état-major autrichien. Et même quand cette destruction réussirait, son préjudice aux opérations de concentration serait médiocre, car si on peut assigner à ce genre de destructions une portée maximum de cent kilomètres, on peut avec non moins de raison considérer comme *peu probable* l'accomplissement d'une destruction de ce genre à plus d'une cinquantaine de kilomètres de la frontière.

Penser autrement, c'est escompter le défaut de vigilance du défenseur, c'est supposer le manque de prévoyance de l'état-major prussien et de l'état-major autrichien. Il est si facile de parer à toute attaque qui n'est pas préparée par le fusil et par le canon que, à cinquante kilomètres de la frontière, les *raids* ayant pour objectifs les points importants de la voie ferrée devront être menés *avec une vigueur et un à-propos remarquables* pour gagner de vitesse la défense. Ajoutons que le beau temps de ces *raids* a été fixé avec raison à trois jours ; car, après cette échéance, c'est à de gros effectifs, c'est à des masses de fusils et de canons plus denses que les masses de l'attaque que se heurtera le raid. Et raisonnablement, une attaque de ce genre avec l'infériorité du nombre doit, pour réussir, exiger de très rares conditions de préparation; c'est pourquoi l'opinion de la *Revue militaire :* « Il est permis aussi de supposer que les masses considérables de cavaliers que la Russie entretient sur ses frontières auraien pour premier objectif de faire perdre à l'ennemi une grande partie de l'avance que lui procure l'abondance des voies ferrées dont il dispose » nous paraît une phrase creuse. Supposer que ces masses ont un pareil objectif est chose permise : mais supposer que cet objectif peut être atteint serait le fait d'un esprit auquel les mobilisations de 1866 et de 1870 n'auraient presque rien appris.

Ce n'est pas avec une supériorité de dix mille sabres et de soixante-dix mille fusils que les Russes pourraient tenter sérieusement une pareille entreprise contre les trente mille sabres austro-allemands et les cent trente mille fusils portés en trois jours à deux cent soixante mille ! Quelle devrait être la supériorité d'effectif pour permettre le succès d'une pareille opération ? La réponse à cette question mériterait d'être étudiée. C'est un des problèmes d'art militaire les plus difficiles. Sa solution met en jeu un élément fixe, cette supériorité numérique, avec deux éléments variables et constamment croissants : 1° l'effectif des individus *mobilisés* quotidiennement dans les corps frontières ; 2° l'effectif des bataillons de l'intérieur *concentrés* quotidiennement vers la frontière. Quelque élevée que soit la supériorité d'effectif antérieurement à l'ouverture des hostilités, un jour arrive où elle est atteinte, puis dépassée par les effets de la concentration.

Il a été montré que, trois jours après l'ouverture des hostilités, la supériorité actuelle des Russes était annulée et se changeait en une infériorité d'effectifs, tout au moins *pour les fusils et pour les canons.* En réalité, l'avantage des Russes est bien court ! Cet avantage est-il tel qu'il justifie : 1° la dépense correspondante; 2° le dommage ultérieur causé par la constance de ces effectifs, qui ne s'accroissent pas avec des réservistes comme les autres corps ? Chacun peut répondre suivant son inspiration. A notre sens, cette supériorité de trois jours est impuissante à procurer des résultats décisifs. Cette supériorité est le mirage le plus dangereux qui puisse égarer un chef d'armée. Former un plan de campagne où cette supériorité serait synonyme de *rupture du réseau ferré de l'adversaire*, c'est bâtir sur le sable ! Quand la *Revue militaire de l'Etranger* conclut ainsi : « On ne saurait s'étonner de voir l'armée russe s'efforcer de remédier, dès le temps de paix, aux conditions défavorables dans lesquelles elle se trouve placée vis-à-vis d'adversaires qui peuvent rassembler leurs troupes dans un temps beaucoup plus court », elle émet une opinion erronée. Il n'y a pas de moyen pour la Russie de remédier à ces conditions défavorables *sinon en complétant son réseau de voies ferrées.*

Il n'existe aucun équivalent aux voies ferrées. Vouloir détruire le réseau de l'ennemi sans des combats longs et sanglants, c'est compter sans son hôte. Les Allemands et les Autrichiens savent trop bien l'excellence de l'instrument pour le laisser ébrécher. Si cette opinion sur l'impuissance de la cavalerie russe à rompre la concentration austro-allemande se réalise, qu'adviendra-t-il de l'armée russe de Pologne? On est au quatrième jour après les hostilités: les Russes n'ont pas un combattant de plus que le premier jour à la frontière. Leur mobilisation exige une quinzaine de jours! Il a été expliqué plus haut, que leur indigence de voies ferrées d'abord, ensuite leur obligation de disperser les contingents polonais dans les corps de l'intérieur et de verser dans les corps de la Pologne les contingents nationaux faisaient durer aussi longtemps la mobilisation.

A ce moment, la mobilisation prussienne est terminée ; les trains de concentration se succèdent à intervalles rythmés et se dirigent en ordre à la frontière. Un jour, deux jours, trois jours se passent : de chaque terminus débarquent fantassins, chevaux et canons. Les colonnes prussiennes s'ébranlent méthodiquement et marchent vers leur objectif. Cet objectif, il a été indiqué : c'est le front Grodno-Sarkowek sur la rive droite de la Vistule. De leur côté, les trains de concentration se succèdent à la frontière autrichienne, les colonnes autrichiennes se forment, elles marchent vers le front Chelm-Kowel. Le huitième jour après l'ouverture des hostilités, il y a cinq cent mille fusils Mauser sur le front Sarkowek-Grodno et trois cent mille fusils Mannlicher sur le front

Chelm-Kowel. Le treizième jour après les hostilités, ces chiffres sont doublés; il y a un million de fusils Mauser sur le premier front, six cent mille fusils Mannlicher sur le second front!

En quoi consistent les forces russes en Pologne? Il y a les quarante mille sabres et les cent quatre-vingt-dix mille fusils Berdan du temps de paix. Admettons que la mobilisation ait plus que doublé le nombre des fusils et que l'on en ait quatre cent mille! C'est tout ce que l'on peut admettre de plus favorable. Admettons encore que les routes ordinaires et même les voies ferrées aient permis d'amener en Pologne cent mille hommes de plus aux dépens de la mobilisation interrompue. Cela fait cinq cent mille soldats. Que deviendront-ils entre les deux armées marchant vers Kobrin? Ces cinq cent mille hommes peuvent tenir en échec l'armée autrichienne. Cela est certain. Mais l'armée prussienne ! Comment l'arrêter?

L'une des deux armées prussienne ou autrichienne, la première probablement, atteindra Kobrin. Ce jour-là! que restera-t-il aux cinq cent mille Russes de Pologne, sinon capituler? Quant à la manière dont sera réalisée la double pression de l'armée austro-allemande sur les deux fronts Malkin-Grodno et Chelm-Kowel, il est très probable que c'est par le front nord que commencera l'attaque par l'armée prussienne. Le mécanisme de sa mobilisation est si parfait, grâce aux frottements observés en 1866 et en 1870, grâce aux corrections apportées aux détails afin d'annuler ces frottements, que le chiffre de trois jours admis par nous comme une moyenne pour la mobilisation sera un peu élevé pour la plupart des corps prussiens, tandis qu'il sera un peu faible pour la plupart des corps autrichiens. Il y aura pour la mobilisation autrichienne un certain retard, tandis que pour la mobilisation prussienne il y aura une avance sur ce chiffre.

L'offensive prussienne commencera deux jours avant l'offensive autrichienne. Ce que sera cette offensive prussienne, rien ne peut en donner l'idée, ni l'offensive de 1866, ni l'offensive de 1870. L'offensive prussienne en Pologne se précipitera sur un adversaire à demi désarmé par la privation de voies ferrées, par la privation d'une mobilisation régionale. L'offensive prussienne ne connaîtra ni délais, ni appréhensions. Ce sera l'écoulement méthodique du million de fusils Mauser vers le front Malkin-Grodno, en dépit des obstacles opposés par les forces russes. Les forces russes seront repoussées, enlevées, tournées ; le flot prussien les submergera. Le nombre, la méthode, la direction vers un but défini, telles seront les qualités par lesquelles le courant prussien emportera tout sur son passage.

Ce que seront les vingt combats livrés sur le front Malkin-Grodno et sur les flancs de ce front, il est difficile de le préciser. Le hasard de la rencontre donnera le plus souvent le signal de la lutte. La consigne des mille bataillons prussiens de toujours pousser en avant, d'après les règles de la tactique du feu, en sentant derrière soi des réserves et encore des réserves! telle sera la brève indication avec laquelle, bon gré, mal gré, les Prussiens déborderont sur le front Malkin-Grodno. L'armée prussienne perdrait-elle cent mille hommes dans cette offensive, elle les donnerait gaiement comme gage de la victoire décisive. Qu'est-ce après tout que cent mille hommes pour l'armée prussienne? En un seul jour, ses chemins de fer lui porteront de quoi boucher les cinquante mille files disparues! C'est à peine si la différence sera perceptible, si on la compare à la grandeur du résultat final!

Ah! le nombre! l'organisation! la méthode [d'exploitation des voies ferrées! choses abstraites, indépendantes du caprice et de la mauvaise humeur des hommes! De quel poids pèseront ces trois divinités tutélaires de l'empire prussien sur les champs de bataille polonais! L'armée prussienne est installée sur le front Malkin-Grodno : s'y arrêtera-t-elle une heure? Non, car c'est là une ligne idéale, tracée à une centaine de kilomètres de la frontière prussienne comme figurant une première phase de l'offensive. A cette heure, l'armée autrichienne aura ébauché ses marches convergentes sur le front Chelm-Kowel. Sans nul doute, l'état-major autrichien aura adopté les idées fondamentales de l'état-major allemand sur l'offensive foudroyante, faisant fi des bataillons fauchés, en vue du grand résultat à atteindre, *la destruction de l'adversaire*, d'après les préceptes de Clausewitz : « Tout temps d'arrêt et tout détour inutile sont des gaspillages de forces et des hérésies stratégiques ! La principale et presque unique vertu de l'agression, c'est la surprise produite par une brusque entrée en scène. Le secret et la vitesse, tels sont les deux agents par excellence de l'attaque, les deux puissantes ailes de l'aigle ravisseur qui prend son vol pour fondre sur sa proie ! »

Les préceptes de Clausewitz ont donné la victoire à la Prusse en 1866 et en 1870. Aujourd'hui, l'Autriche, convaincue de leur excellence, hésitera-t-elle à pratiquer les préceptes de Clausewitz? Non, sans doute, d'autant que le flot de ses masses armées ne rompra les digues russes que deux jours après le choc des masses prussiennes; à ce moment déjà la pression des combats livrés au nord de la Pologne aura influé moralement et matériellement sur la puissance des digues à renverser par l'armée autrichienne. Après cinq jours d'offensive, l'armée prussienne occupera le front Malkin-Grodno; deux jours après, l'armée autrichienne occupera le front Chelm-Kowel.

Quant à l'objectif de Kobrin où les armées prussienne et autrichienne devront se donner la main, il est probable que les masses prussiennes y entreront les premières, neuf jours environ après le passage de la ligne Malkin-Grodno, après avoir livré une ou deux grandes batailles à l'armée russe ; car l'armée russe livrera des batailles désespérées pour ne pas se laisser arracher sa ligne de retraite. Au moment de ces batailles désespérées, l'armée autrichienne aura son gros sur la ligne Wlodawa-Sabolotje, marchant à la hâte sur Kobrin pour fermer toute retraite aux Russes et coopérer à la destruction de leurs forces. Tel est l'un des plans que la méthode supérieure de Clausewitz suggère aux empires alliés contre la Russie.

Sur le champ de bataille choisi, voici quelques remarques formulées, il y a trois ans, par la *Revue militaire* (1886, 2ᵉ semestre, page 716) : « Sarmaticus a choisi la Pologne comme champ clos et il y convie, il y défie ses futurs adversaires. Nous connaissons les raisons de son choix. Pour parler son propre langage, elles sont *subjectives*. Allons-nous maintenant demander aux Russes de ne point relever le gant et d'abandonner complètement la Pologne? Non. Nous disons simplement que *l'état-major russe ne peut accepter d'affaires décisives* ni en Pologne, ni ailleurs, AVANT D'AVOIR RÉUNI SES MOYENS. Nous disons que si la Russie, en Pologne ou ailleurs, croise le fer avec des moyens insuffisants contre un adversaire armé de pied en cap, elle pèche *contre les saines doctrines*, c'est-à-dire contre le bon sens. » La citation est longue. Le lecteur y trouvera sous une forme terne, vague, sous la forme qui convient au doctrinaire planant dans la région des principes, les raisons du plan de campagne indiqué dans le présent livre. Pour qui sait lire entre les lignes, c'est la justification précise de la double action austro-prussienne visant l'objectif Kobrin.

Plus loin, la *Revue militaire* poursuit

ainsi l'exposition de la campagne : « La Pologne, dans un conflit teuto-slave, peut-elle devenir une autre Crimée, et Varsovie un autre Sébastopol? Oui, dans une certaine mesure, si la Russie s'engage à fond et prématurément *pour sauver, coûte que coûte, la Pologne;* si elle se fait *un point d'honneur* de ne laisser à aucun prix Varsovie tomber entre les mains de l'agresseur ! » Voilà qui est encore plus significatif et qui paraît prévoir une conclusion aussi grave que celle qui résulte de la réussite du plan d'opérations des empires alliés par Kobrin. La *Revue militaire* ajoute : « Mais enfin, nous dira-t-on, vous préconisez en dernière instance *l'abandon plus ou moins complet de la Pologne*. Peut-être ! Mais sûrement nous affirmons qu'*il faut être prêt à tous les sacrifices,* plutôt que de s'engager dans une crise décisive sans les moyens d'en sortir à son profit et, encore une fois, c'est le bon sens qui le demande. »

Ce que l'écrivain de la *Revue militaire* traduit sous la forme dubitative et sibylline, nous l'exprimons par l'affirmative la plus claire. Si la Russie accepte la lutte en Pologne, elle est trahie. Les cinq cent mille hommes qu'elle y entretiendra seront entièrement perdus ; leur sort sera celui de l'armée de Mack à Ulm, celui de l'armée de Mac-Mahon à Sedan. Avec la tactique actuelle, cinq cent mille hommes sont obligés à capituler aussi aisément que trente mille hommes étaient amenés à le faire au commencement de ce siècle !

Paradoxe ! pensera plus d'un lecteur. Il n'y a pas de paradoxe ; il y a tout bonnement l'expression d'un rapport de forces. Le plus fort fait capituler le moins fort lorsqu'il occupe sa ligne de retraite contre tous ses assauts. Le moins fort a beau être cinq cent mille ; il n'en est que plus vite rendu, parce que sa subsistance est d'autant plus précaire que le nombre de ses bouches est plus élevé. Pour un militaire réfléchi, ce paradoxe de cinq cent mille hommes mettant bas les armes est l'enfance de l'art. Encore un coup, cinq cents mille, deux cent mille, cinquante mille, le nombre ne fait rien à la chose. Paris actuel n'est pas plus difficile à prendre aujourd'hui qu'il ne l'était au huitième siècle de l'ère chrétienne quand les Normands entourèrent la Cité. C'est le rapport des forces de l'assiégé aux forces de l'assiégeant qui intéresse. Quand la bataille décisive « *qui coupe bras et jambes* » a marqué la valeur de ce rapport, c'est chose faite. Peu importent à Darius ses six cent mille fantassins et ses cent cinquante mille cavaliers, s'il ne peut vaincre la poignée d'hommes d'Alexandre pour retrouver la route de son empire. Sur les champs de bataille de la Pologne, la poignée d'hommes d'Aléxandre sera le double de l'armée qu'elle veut arrêter dans sa retraite. Pourquoi disputer?

Pour mieux faire voir ce point, encore une citation de la *Revue militaire* : « Ici, comme ailleurs, les doctrines ont leur importance. Non seulement elles assurent à celui qui est pourvu à cet égard un avantage manifeste sur celui qui est dépourvu, mais elles lui permettent de spéculer, le cas échéant, sur l'indigence avérée de l'adversaire ! » Où veulent conduire ces spéculations vagues ? nous allons le découvrir : « Expliquons notre pensée par quelques hypothèses. *Si l'état-major allemand est convaincu que l'état-major russe manque de doctrines,* il peut escompter l'impatience de son adversaire et *espérer des actions décisives en Pologne;* il peut même chercher une solution rapide et *tendre un piège aux Russes;* par exemple: hâter, accélérer la mobilisation et les transports de 15 ou 20 corps, pourvus pour huit jours, et aller offrir une bataille décisive aux 8 ou 10 corps d'armée que pourra alors lui opposer son adversaire. »

Cette citation est curieuse. La suite est encore plus intéressante : « Pure hypothèse, bien entendu, mais voyons l'inverse. L'état-major russe, autrichien, français, peu importe, peut-il hâter, précipiter sa mobilisation et les transports de 20 corps d'armée, avec l'espoir de joindre en rase campagne les 8 ou 10 corps d'armée — ou leur valeur — que pourrait lui opposer en ce moment l'état-major d'une autre puissance ? » Cette question est singulière. La réponse ne l'est pas moins. Que le lecteur veuille l'analyser, il y trouvera entre les lignes la plus terrible des appréciations sur la différence de *doctrines* entre les divers états-majors et l'état-major visé par l'écrivain de la *Revue militaire* : « Non, parce qu'un adversaire méthodique a des doctrines qui lui interdisent de *travailler pour de bon sans avoir ses outils*. »

Que signifient les mots : « travailler pour de bon, sans avoir ses outils » ? sinon le fait précis qui a fait l'objet de notre étude sur le carré polonais. Voilà la suite : « A cette manœuvre, il opposera jusqu'à nouvel ordre une fin de non-recevoir quelconque ; au besoin, *il saura reculer*. » Ces trois mots n'ont pas de sens, s'ils n'impliquent pour l'état-major russe les quatre mots *évacuer le carré polonais*.

Au reste, l'écrivain de la *Revue militaire* explique ainsi sa doctrine : « Dans son rapport présenté au Roi pendant l'hiver de 1868-69, le général de Moltke vise l'éventualité d'une irruption de cent cinquante mille Français dans les provinces rhénanes et il propose simplement de suspendre dans ce cas le débarquement des forces allemandes sur la frontière pour l'effectuer sur le Rhin. *C'est l'abandon pur et simple d'une province*, ou plutôt c'est un prêt avec usure. Si cette éventualité s'était produite, aurait-on eu le droit de conclure que le général de Moltke, condamné à une première période défensive ou d'expectative, avait pu songer un instant à autre chose qu'à la guerre d'agression, qu'à la guerre absolue qui vise la ruine de l'adversaire ? Non, certes. Le général de Moltke savait qu'il ne s'agissait point de défendre la frontière ou les provinces allemandes contre les aventures et même contre une invasion, mais bien DE VAINCRE et il était résolu à *ne point chercher la victoire sans avoir tout d'abord les moyens de l'obtenir*. »

Nous commençons à voir clair dans la

doctrine de l'écrivain de la *Revue militaire*; cette doctrine signifie l'évacuation de la Pologne ou ne signifie rien. Voilà comment elle se justifie. « Cette doctrine est plausible et, si elle commande parfois d'*ajourner les crises décisives*, ce n'est point pour *tourner le dos* au véritable but, mais pour *mieux l'atteindre* ; ce n'est point pour atténuer l'énergie sanglante, mais bien pour l'exalter jusqu'au paroxysme ; ce n'est point pour altérer l'essence même de la guerre absolue, de la guerre vraie, mais pour lui restituer et lui conserver son véritable caractère. *Quand les nations modernes prennent les armes, ce n'est point pour protéger la frontière ou telle et telle région.* Il ne s'agit pas de livrer bataille sur telle et telle position, sur tel et tel terrain plus ou moins favorable. Peu importe que l'adversaire soit battu à un endroit ou à un autre, POURVU QUE NOUS LE BATTIONS. »

Cette considération finale est des plus importantes. Sur quatre-vingts millions de Russes, y en a-t-il plus d'une centaine qui l'admettent ? En est-il un millier qui se rendent compte que le premier terme logique de la guerre actuelle avec les deux empires de l'Ouest, c'est l'abandon de la Pologne ? Dans ces conditions, quelle désillusion pour les soixante-dix-neuf millions neuf cent quatre-vingt-dix-neuf mille panslavistes qui estiment que la Russie n'a qu'à prendre. Pour eux, la seule supposition *que la Russie puisse perdre quelque chose* a un caractère de blasphème, d'irréligion, de lèse-majesté ; tant sont puissants les préjugés, lorsque l'esprit humain se plaît à leur donner l'hospitalité comme à des dieux protecteurs !

Ce préjugé panslaviste est l'atout qui donnera la victoire aux armées austro-allemandes, en cas de guerre avec la Russie.

Voici comment Sarmaticus l'escompte dans son livre *Von der Weichsel zur Dniepr* : « On peut objecter que les Russes n'accepteront pas de batailles en Pologne et qu'ils chercheront à entraîner l'adversaire vers l'intérieur ; mais *pareille hypothèse ne paraît guère soutenable*. Les procédés de 1812, renouvelés des Scythes comme on l'a dit, étaient la conséquence d'une telle infériorité politique et militaire et ont coûté de tels sacrifices à la nation, que *cette déplorable façon de conduire la guerre* serait une CALAMITÉ et un CRIME aujourd'hui. La Russie est trop puissante et *a trop conscience de sa force* pour donner au monde cet AVEU D'INDIGENCE. Il y a d'ailleurs des témoignages positifs d'intentions contraires; ce sont les travaux de fortifications entrepris à Varsovie, à Kovno, à Novo-Georgievsk et à Ivangorod. Les sommes considérables dépensées dans ces places seraient du gaspillage et un non-sens si ces places ne devaient pas servir à protéger, en avant et sur le flanc, le rassemblement des armées russes. »

Cet argument tiré du « gaspillage de sommes considérables » a de la valeur. Pourtant ce n'est pas un argument irrésistible, car prenons une à une les quatre forteresses où, d'après Sarmaticus, « des sommes considérables » auraient été dépensées. D'abord « Varsovie et Kovno ». Varsovie est la clef des voies ferrées allant de Vienne à Saint-Pétersbourg et de Berlin à Moscou. C'est un point stratégique de premier ordre. Admettons que la Russie ait intérêt à évacuer la Pologne. Varsovie est un point à garder. Dans ce cas, une garnison d'une douzaine de mille hommes pourrait utilement y être affectée ; ne serait-ce que pour forcer l'armée prussienne à immobiliser à Varsovie des forces doubles ou triples. Et dans le cas où l'armée prussienne voudrait brusquer son entrée à Varsovie, ce ne serait pas avant d'avoir en plus de douze mille hommes hors de combat, plus du double même, qu'elle réaliserait son plan. Il suffirait au gouverneur de Varsovie d'avoir de l'intelligence et surtout de l'énergie.

Quant à la place de Kovno, elle est en dehors du carré polonais, elle est située sur la ligne de Kœnigsberg à Moscou, elle est un point stratégique important au point où cette voie ferrée traverse le Niémen. La tête de pont de Kovno doit être défendue à outrance; c'est d'ailleurs une cité de cinquante mille habitants, située sur la rive droite du Niémen, au confluent de la Vilia qui la divise en deux parties. Il a été parlé plus haut d'une douzaine de mille hommes pour la garnison de Varsovie, Kovno comporterait une garnison de même effectif.

Voici ce qu'écrivait en 1884 (tome III, page 143) le commandant Marga sur cette place : « D'après les nouvelles les plus récentes, on élèverait des ouvrages à Kovno, point de passage très important sur le Niémen ; il y existe un très long tunnel construit jadis sur l'ordre spécial de l'empereur et que les Russes considèrent comme une des meilleures défenses du chemin de fer. » Kovno est à quatre-vingts kilomètres de la frontière, à moitié chemin de la frontière à Vilna. Il est donc sage d'y avoir élevé des ouvrages solides. En tout cas, Kovno étant en dehors du carré polonais, les sommes dépensées à ses ouvrages n'impliquent pas l'occupation par l'armée russe du carré polonais.

Voici pour les deux premières places citées par Sarmaticus ; quant aux deux autres, Novo-Georgievsk et Ivangorod, bien que de moindre importance, elles ont aussi un rôle stratégique. Ivangorod est la clef du chemin de fer de Vienne à Moscou. Rien qu'à ce point de vue, il est bon que la Russie y place six mille hommes pour obliger l'armée autrichienne à l'observer par des forces doubles et à s'y immobiliser de longs mois si elle ne préfère livrer de sanglants assauts. Voilà ce qu'en a écrit Marga : « Ivangorod est située sur la rive droite de la Vistule, au confluent de la Wieprz. Cette place n'a été commencée qu'en 1831 ; elle a été appelée Ivangorod du prénom Ivan du duc Paskiewich. Les deux rives de la Vistule dans cette région sont basses et marécageuses. Les fortifications consistent en une enceinte de quatre fronts bastionnés dont la gorge s'appuie à la Vistule ; elle contient de vastes casernes à l'épreuve et des bâtiments militaires, mais pas de population civile. Cette place vient d'être transformée. Les Russes y ont construit neuf forts à deux kilomètres environ de l'enceinte ; il y en a six sur la rive droite et trois sur la rive gauche de la Vistule. Le camp retranché ainsi formé englobe plusieurs grands villages. » Ivangorod, bien qu'elle soit un camp retranché minuscule, peut fournir une belle défense ; rien n'est plus difficile à forcer que des lignes d'eau sur lesquelles les vues sont restreintes. Ivangorod est une bonne petite place aux mains d'un gouverneur résolu.

Quant à Novo-Georgievsk, cette forteresse a pour elle d'être située au confluent du Bug et de la Vistule. Elle occupe l'emplacement de l'ancien village de Modlin. Napoléon avait en 1806 créé une tête de pont à Modlin. Les Russes en ont fait sortir tous les habitants et ont transformé Novo-Georgievsk en une place purement militaire qui leur a servi de point d'appui dans la répression des insurrections polonaises. Voici ce que Marga écrivait en 1834 sur cette forteresse : « Les Russes construisent des forts autour de Novo-Georgievsk et à 4 ou 6 kilomètres de l'enceinte. » Il y a cinq forts sur la rive droite de la Vistule, dont un situé en amont du confluent du Bug, les quatre autres forts sont en aval. Il y a trois forts sur la rive gauche de la Vistule. Novo-Georgievsk est une place facile à défendre : une garnison de six mille hommes y suffirait. En résumé, les quatre forteresses invoquées par Sarmaticus pour empêcher l'armée russe d'évacuer la Pologne ne sont pas un argument invincible. Trois garnisons faisant en tout 24,000 hommes pour les trois places de la Vistule : c'est tout l'indispensable. Que ce nombre soit augmenté de moitié, qu'il soit même doublé, si l'appréciation des effectifs est faite plus largement qu'elle ne l'est dans cette analyse, l'armée russe n'en fera pas moins sagement en évacuant le carré polonais, où surnageraient les trois têtes de pont de la Vistule.

C'est en dehors du carré polonais, derrière les marais de Pinsk, que l'armée russe doit opérer sa concentration et passer les cinq semaines qui lui sont indispensables pour être *au point voulu* contre ses adversaires. Rien d'impossible alors à ce que l'armée russe accepte la lutte, qu'elle l'offre même, sans appréhender les manœuvres terribles d'adversaires usant de leur énorme supériorité numérique pour l'envelopper en opérant sur les flancs d'un théâtre de guerre aussi périlleux que le théâtre polonais. Avec un résultat favorable, avec des victoires, rien ne s'oppose au retour de l'armée russe sur la Vistule avant la chute des places fortes qui viennent d'être énumérées. Il faut cinq semaines à l'armée russe pour se concentrer en dehors du carré polonais. Trois semaines après, des coups décisifs pourront avoir été portés. Huit semaines sont à peine la moitié ou le tiers de ce que doit résister une place bien commandée, même lorsqu'elle est énergiquement assaillie. Telle est la réponse la plus sage qui se puisse souhaiter aux pronostics de Sarmaticus. Il est vrai que c'est abandonner sans coup férir ce que Sarmaticus considère comme devant être obtenu par des victoires décisives.

La réponse qui vient d'être formulée paraît donc *optimiste* au point de vue prussien, puisqu'elle donne *gracieusement* ce que l'écrivain prussien paraît vouloir *arracher par les armes* à la Russie. Quoi qu'il en soit, la sagesse est avec cette réponse, en dépit de ce que paraît préjuger Sarmaticus. « On peut admettre que les *premiers coups décisifs* seront portés en *Pologne* et *non loin de la frontière*. Si le succès favorise les alliés, ceux-ci passeront à la *deuxième partie* de leur tâche : occuper la Pologne, *se créer une ligne de défense* sur laquelle on puisse tenir longtemps avec des forces peu considérables et entreprendre le siège des places importantes de Kovno, Georgievsk, Varsovie et Brest. » Il est inutile d'insister. La condition : « *si le succès favorise les alliés* » est en effet évidente pour Sarmaticus. Comment le succès « ne favoriserait-il pas les alliés » sur ce théâtre qui semble disposé *exprès pour ce succès* ? En réalité, l'abandon de la Pologne constituant le premier acte du plan défensif de la Russie n'est pas une concession à la Prusse et à l'Autriche ; c'est, au contraire, le refus de leur accorder un succès *facile*, propre à démoraliser les troupes russes, propre surtout à paralyser la défense ultérieure par la privation de cinq cent mille combattants.

Sarmaticus, après avoir admis le *succès* des alliés en Pologne, définit ainsi les conditions de l'offensive *au delà* du carré polonais : « Pour pousser les opérations au delà de la ligne Brest-Vilna, et plus tard au delà de la ligne Kiev-Smolensk, il faut dans chacune de ces directions une base solide. La première condition à remplir, c'est un fonctionnement régulier des voies ferrées et, par suite, la possession des places de la Vistule et du Niémen. La conduite de la guerre a été modifiée d'une façon essentielle par l'emploi des voies ferrées. La marche sur Moscou, témérité du temps de Napoléon, peut être considérée aujourd'hui comme une opération normale, comme une entreprise plausible dont on peut prévoir l'exécution et les résultats. » Nous partageons l'opinion de

Sarmaticus sur la facilité d'aller à Moscou avec une armée de deux cent mille hommes. Cette facilité serait d'ailleurs singulière, si les premières opérations sur la ligne de retraite de l'armée russe de Pologne avaient réussi. Il en serait autrement si la Pologne ayant été obtenue sans coup férir, la coalition austro-prussienne rencontrait l'armée russe intacte, concentrée, *avec des effectifs sensiblement égaux aux siens.*

Ce serait alors une lutte colossale entre quatre millions de soldats ayant au cœur le sentiment de la grandeur de la lutte, puisque la Pologne avec ses neuf cents myriamètres carrés aurait été le gage d'une bonne concentration ! Alors la Russie pourrait l'emporter. Alors seulement l'endurance du soldat russe à la fatigue, à la faim, aux intempéries, aurait un rôle prépondérant dans cette guerre *d'usure* que conseillent mille écrivains, sans s'être doutés de *ce qu'elle suppose d'héroïsme* chez les chefs qui engagent pareille guerre, chez les soldats qui la supportent !

Avec pareil héroïsme, Paris aurait tenu six mois de plus ; la ration déjà si faible aurait dû être réduite des trois quarts dès le lendemain du siège pour prolonger la résistance ! Dans une pareille lutte de sacrifices, le dernier mot restera au Russe, parce que son corps est plus accoutumé à la misère, à la souffrance, à l'air gelé comme à l'air embrasé ! Mais quelle lutte ! et si la chair du Russe y est plus propre que la chair du Prussien et la chair de l'Autrichien, en sera-t-il de même des âmes ? L'âme bien plus que la chair est maîtresse des déterminations héroïques. Où seront les âmes les plus fortes ? Où sera la plus ferme volonté de vaincre ? Chez les Russes ! hurlent les panslavistes, et ils rappellent avec enthousiasme la campagne de 1812. L'argument a du bon. Pourtant ! comment expliquer la faible volonté de vaincre devant les envahisseurs de la Crimée en 1856 ? A beaucoup près, la haine de 1856 était plus violente, moins factice que la haine actuelle chez les Russes ; c'était contre le nom exécré de Napoléon un regain de la haine de 1812 !

La volonté de vaincre de la part de la France était médiocre. Jamais guerre plus bête ne fut imposée à l'armée française ! Et cependant la volonté de vaincre, la forte résolution du Russe de 1812 n'eut pas de second exemplaire !

Qu'en sera-t-il en 1890 ? Reverra-t-on la ferme décision de 1812 ? Assistera-t-on au contraire à la faible détermination de 1856 ? Afin de comprendre l'évolution du sentiment russe pendant les années écoulées de 1815 à 1856, il faudrait étudier longuement les aspirations des diverses classes qui composent le peuple russe. Faute d'avoir essayé cette étude, on est conduit à ne pas saisir la cause d'un phénomène évident. Comment plus d'un Russe, au lieu de ruminer la résistance à outrance, au lieu d'appeler à lui les souffrances extrêmes pour goûter la joie purement morale de *détruire l'ennemi*, a-t il vu sans colère les succès des Anglais et des Français en Crimée ? M. Anatole Leroy-Beaulieu, dans le premier volume de « L'Empire des Russes et les Tzars », a pu formuler cette appréciation singulière (2ᵉ édition, page 414) :

« C'était, sans le savoir, *au profit du moujik*, au profit du PEUPLE RUSSE que se battaient la France et l'Angleterre. A cet égard, *la Russie a été heureuse de sa défaite* : jamais aucun pays n'a peut-être acheté aussi bon marché sa *régénération nationale!* » Lorsque de pareilles idées ont cours, lorsqu'un écrivain consciencieux et clairvoyant considère comme un moyen de *régénération nationale* les désastres subis par l'armée russe, il fait bon examiner attentivement si de nouveaux désastres de l'armée russe ne pourraient pas être considérés aussi comme un moyen de *régénération nationale*.

Quand on associe deux idées en apparence aussi contradictoires : *désastre des armées* et *régénération nationale*, il faut préciser. Cette association d'idées correspond à un état d'esprit particulier, à l'aspiration de l'esprit humain vers un ordre de choses plus conforme à ce qu'il estime bon, utile, agréable. Cet état d'esprit spécial efface plus ou moins la notion des devoirs de l'individu, sujet ou moujik, vis-à-vis le gouvernement. Une défaite devient médiocrement douloureuse si elle oblige le gouvernement à des concessions. Ce n'est pas l'armée ennemie qui devient l'objet de la haine de l'individu, c'est le gouvernement !

Quand un grand nombre d'individus subissent cet état d'esprit, force est au gouvernement, s'il est sage, de ne pas entamer de guerre. Le gouvernement de l'empereur Napoléon III a éprouvé la vérité de ce précepte. Rien de plus dangereux qu'une guerre pour l'État où certaines classes sociales estiment avoir un intérêt à la défaite ! En Russie, on trouve dans cette disposition d'esprit tous les Polonais dont le nombre dépasse cinq millions. Dans une disposition analogue, il y a quantité de « Grands Russiens » et de « Petits Russiens » qui, malgré leur origine, appartiennent aux sectes nihilistes et recherchent tous les prétextes afin de renverser l'ordre de choses existant en Russie.

Dans ces conditions, une guerre considérable, particulièrement une guerre sur le théâtre de la Pologne serait-elle une guerre *unanimement poursuivie par le peuple russe*, conformément à la légende de 1812 ? Les gens qui répondent affirmativement à une pareille question et qui bâtissent un plan de résistance à outrance sur cette affirmative sont des fous. Ce sont des gens qui ignorent les Polonais et les nihilistes, ou qui répètent l'aphorisme audacieux : « *La guerre fondra les nuances d'opinion !* » Pareille ignorance ou pareille présomption, c'est ce qui peut avec raison être appelé *de la folie !* Estimons, pour la résistance du soldat russe, une capacité égale à celle du soldat de l'Allemagne ou de l'Autriche, de la France ou de tout autre peuple européen. Comptons les soldats, comptons les canons, énumérons les ressources, mais ne créons pas un état d'esprit spécial, un état héroïque affranchi des règles ordinaires de la faiblesse et du découragement qui président ordinairement aux choses humaines.

Certes un écrivain, un général, un patriote, est libre de prendre le mode lyrique lorsqu'il traite des vertus militaires de sa race. Encore n'est-ce pas là parole d'Evangile. Tabler sur la résistance héroïque de la Russie, parce que cela entre dans le programme panslaviste, est une aberration semblable aux folies patriotiques, ou soi-disant patriotiques, qui faisaient crier aux Parisiens de 1870 — je veux parler du mois de juillet : *A Berlin! A Berlin!* comme s'il se fût agi d'un *Acte de Foi* auquel toutes les volontés se devaient soumettre. Le véritable héroïsme ignore le bruit ; il dédaigne les cris ; il ignore les manifestations organisées le verre à la main. Les héros ne sont pas bavards, ils ne chantent ni ne célèbrent leurs actions héroïques avant de les avoir réalisées. Ce sont les faibles, les médiocres d'esprit et les pauvres de volonté qui chantent pour se donner du cœur. L'héroïsme factice est la plus grave maladie qui puisse égarer un peuple. Une défaite est peu de chose lorsqu'elle est comme un accident inhérent à la nature humaine des peuples et des rois. Une défaite perd tout quand elle frappe le peuple qui regardait sa nature comme divine, sa mission comme irrésistible, son tzar comme le *Roi des Rois*, comme le représentant de Dieu. On a dit que c'était le maître d'école prussien qui avait vaincu à Sadowa : ce serait une variante amusante que d'attribuer au *pope russe* les futurs succès de l'armée russe. En tout cas, si la Russie doit être victorieuse, ce n'est pas au maître d'école russe qu'elle aura le droit d'attribuer ses futurs succès.

Le premier septembre 1889, les journaux prêtaient à l'un des généraux russes certain *toast* qui aurait inspiré un « enthousiasme immense aux officiers russes ».

C'était après un *steeple-chase ;* le général rappelait les prouesses hippiques d'un lieutenant russe qui avait fait le voyage de Paris dans de remarquables conditions de temps : « Ce que cet officier a accompli, notre cavalerie doit le faire un jour. Nous devons traverser l'Allemagne entière comme un torrent et, en huit jours, aller serrer dans nos bras nos frères les officiers français! C'est pour cet avenir que nous devons travailler. » Prenons le *toast* pour exact : on prétend que c'est à Kischeneff qu'il a été prononcé. Vingt journaux parisiens ont reproduit le *toast* avec admiration. Ce *toast* exprime pourtant la plus ridicule fanfaronnade que militaire en goguette puisse imaginer.

L'auteur du toast, ses auditeurs, les journaux approbateurs croient-ils vraiment que les dix mille cavaliers russes qui constituent la supériorité du temps de paix des troupes russes cantonnées en Pologne pourront accomplir la plus mince partie de ce travail d'Hercule? Oui, sans doute! Cela fait bien! *Cela donne confiance!* Voilà le grand mot lâché. Faute que la confiance puisse venir de la raison et des chiffres fournis par la brutale statistique, on recourt aux paroles qui grisent, aux *toasts* sonores, aux bravades aussi creuses que décevantes. Cela est triste. Cela est effrayant pour les Français qui *gobent* volontiers de pareils *toasts* et qui, le cas échéant, voteront la guerre contre l'Allemagne, crieront à tue-tête *Vive la guerre!* en se fiant sur les victoires d'une alliée qui viendra les serrer dans ses bras en huit semaines (*faisons bonne mesure*) après avoir traversé l'Allemagne !

La réalité, elle a été indiquée plus haut avec chiffres à l'appui. Le premier acte de l'armée russe pour ne pas être détruite en trois semaines, est d'évacuer la Pologne ! A vouloir traverser l'Allemagne, la cavalerie russe se heurtera à de si grosses difficultés, qu'à moins de supposer des chevaux enchantés et des cavaliers invulnérables comme le héros d'Homère, cette cavalerie ne pourra que succomber avec vaillance. Ce qu'elle pourra obtenir de plus positif, c'est une exclamation semblable au fameux : « Ah ! les braves gens ! » et c'est tout. Que de mal font de pareils *toasts* aux Français qui ne liront jamais rien de vrai sur ce sujet, qui n'ont jamais lu les extraits de la *Revue militaire de l'Étranger* relatifs à l'ouvrage de Sarmaticus, où l'officier français conclut discrètement à l'évacuation de la Pologne comme à la condition positive du succès final de la Russie contre les armées prussienne et autrichienne !

Voilà comment Marga pose le même problème (tome III, page 137) : « La frontière occidentale de la Russie a un développement total de 2,800 kilomètres; au centre, la Pologne forme une saillie très prononcée sur les territoires de la Prusse et de l'Autriche, ce qui la met à 300 kilomètres seulement de Berlin. Nous avons vu que ce tracé n'était pas aussi *favorable à l'offensive russe* qu'il pouvait le paraître au premier abord. Comme d'ailleurs sur tout ce développement la frontière ne correspond à aucun grand obstacle naturel, l'avantage appartiendra à celui qui aura les meilleures forteresses et qui *saura concentrer ses armées le plus rapidement.*

Pour le moment, c'est ÉVIDEMMENT l'Allemagne, MÊME ISOLÉE, qui se trouverait dans les meilleures conditions pour la lutte. » Voilà qui est très net. La suite est aussi claire : « L'alliance austro-allemande *paralyserait complètement* les manœuvres des armées russes établies en Pologne et livrerait *dès l'abord* cette province à l'assaillant. » Il y a loin de ce début des opérations — tel que le commandant Marga l'indique dans sa *Géographie Militaire* — avec les bravades fantaisistes qui représentent l'Allemagne ouverte à l'invasion !

Ces bravades sont équivalentes à des crimes, car elles préparent le dépècement de la patrie. Il est des cas où l'erreur doit être interdite. C'est quand il s'agit du salut commun, du terrible fléau de la guerre. Tromper le peuple, mérite le châtiment du parricide! Un exemple: au mois d'avril 1887, un incident de frontière amena un député français à publier dans un journal parisien une série de lettres semant à pleines mains la haine avec toutes ses conséquences, la guerre des cœurs, avant la guerre par les mains et par les armes. Dans le numéro du 25 avril, ce député, après avoir criblé d'injures les fonctionnaires allemands, après avoir traité « d'alphonses » les agents du commissaire Gautsch, vilipendait les procédés d'enquête des magistrats allemands et annonçait le récit d'un voyage qu'il avait fait à Metz.

Le numéro du 26 avril contenait le récit de cette *Visite à Metz*. Le député écrivait et le journal parisien publiait ce qui suit : « La scie des oriflammes recommence et à gauche il y a un formidable corps de garde regorgeant de soldats. On se croirait à l'opéra de *Faust*... Les arquebuses, pardon ! les Mauser à répétition sont chargés aux mains des sentinelles, et, détail curieux, ils sont alignés dans la rue sur deux rangées et appuyés contre un double râtelier parallèle à un banc. » Le député continue ces détails bizarrement agencés par une ridicule facétie, étant donnée la gravité de tous les mots quand les esprits sont hantés par la haine. « Chaque soldat est assis de la sorte devant son fusil. On a dû *faire croire à ces innocents Bavarois* que Boulanger pourrait bien arriver par le tunnel un beau jour, inopinément, en revenant de la revue. Aussi on est prêt à tirer. » Avec des écrivains de ce genre, la plus simple disposition d'un corps de garde bien tenu devient matière à haineuses suppositions. Tout cela pour dire en quelques mots que le service militaire se fait rigoureusement à Metz! Si le député avait du cœur, si le journal avait le sentiment du devoir, aurait-il oublié que ses injures constituaient le plus bel éloge de l'*ennemi*? Dans une place de guerre, le service doit être rigoureux. Le ridicule des phrases consacrées à cette constatation montre précisément l'incapacité de l'écrivain à comprendre les grandes choses qui dominent les petites vanités et les conceptions mesquines.

Voilà la conclusion de cette *Visite à Metz* : quel public que celui de pareil écrivain ! « Tout à coup une patrouille passe devant un officier supérieur. A vingt pas, avant d'arriver devant lui, on entend un bruit sec — *on présente les armes* — on se croise, les soldats passent comme des automates hypnotisés, le regard fixe devant eux, sans oser regarder le chef. Vingt pas plus loin, nouveau cliquetis — *arme sur l'épaule* — et l'on n'entend plus que le pas de la troupe et le bruit des éperons de l'officier qui se perdent en s'éloignant en sens contraire. L'âme du grand Frédéric doit être contente si elle contemple de loin les soldats de Guillaume. A l'hôtel, mêmes fantômes d'officiers. Les éperons sonnent dans les grandes salles et l'on demande de l'eau sur le ton de *En joue! Feu!* Les employés des postes, les employés des chemins de fer, les cochers, tout est à la militaire. Les enfants vont au pas, les chevaux aussi. On tirera bientôt les bouffées de la pipe en cadence. » Nous ririons gaiement de ces billevesées, si elles sortaient des lèvres d'un gamin de douze ans ; mais d'un député ! dans un journal politique ! quand le salut de la patrie dépend de ces billevesées ! « Bref, c'est le colossal état cérébral de tout un peuple atteint de folie militaire, folie terrible, lugubre, soigneusement entretenue à l'état aigu. Ils ont le délire de la persécution et se croient positivement à la veille d'être attaqués brusquement. La liberté de la presse n'existe plus, *personne ne lit les journaux;* les soldats se couchent harassés, ne pensent plus, vivent dans l'isolement moral, dans l'effroi et dans la vanité sombre. Le *spleen des armées* les envahit. A la PREMIÈRE DÉFAITE, la discipline de fer qui tient tout cela debout et raide faisant défaut, *il y aura un horrible effondrement.* Je suis parti de Metz navré au point de vue humanitaire, outré de voir en pleine Europe et de nos jours de pareils procédés mis en vigueur et impunis, convaincu que la guerre est inévitable. »

Voilà des paroles de député! voilà un article de journal politique! Quel état cérébral que celui d'une presse où pareilles billevesées *font florès!* Quelle raison que celle d'un peuple qui goûte semblables variations sur la guerre et sur ses terribles exigences! Quand les notions fondamentales sont oblitérées, que reste-t-il à un peuple pour se guider ? Dans le numéro du 2 mai 1887, le député publie un récit du *Voyage au pays des Uhlans*. « Il y a une curieuse étude à faire touchant l'influence de la liberté de la presse sur les peuples et sur leurs intérêts. Chez nous, nous savons tout maintenant... Ici, en Allemagne, on ne sait rien, la presse n'a rien dit... Ainsi, voilà d'une part le peuple français qui, en trois jours, a vidé l'incident Schnaebelé. Les clairvoyants ont pu se dire : *Reprenons nos affaires, ce n'est pas cette niaiserie qui troublera la paix de l'Europe.* Le peuple allemand, au contraire, commence seulement à s'apercevoir qu'il y a quelque anguille sous roche. Et il ne s'en aperçoit pas parce qu'il connaît à fond la question de Pagny, mais parce que la presse de Berlin *a donné uniquement des extraits de nos polémiques violentes,* de nos ALLUSIONS A

LA GUERRE PROCHAINE. On ne laisse pas passer la vérité moyenne, mais l'opinion isolée exceptionnelle. »

Pauvre député ! si le *principal effet* des « polémiques violentes » et des « allusions à la guerre » lui apparaît si clairement, que ne détourne-t-il la presse française de s'y livrer avec délices ? Que ne donne-t-il l'exemple ? « De sorte que, en raison du SINGULIER RÉGIME qui règne dans ce pays, non seulement l'affaire de Pagny n'a pas eu son importance réelle aux yeux de la nation allemande qu'elle a compromise, mais c'est nous qui nous sommes emballés et qui *voulons* la guerre. »

Il semblerait que le « singulier régime » de la presse allemande est bien meilleur que celui de notre député, puisqu'il donne des résultats plus conformes à l'intérêt allemand. Pas du tout ! le député ajoute : « Qui nous débarrassera des hommes d'Etat? S'il y avait la liberté de la presse en Allemagne, la paix serait donc certaine, car le sentiment général, maintenant que je suis *en contact,* m'apparaît absolument net et lumineux. Je ne sais même pas si au fond du cœur les Allemands ne disent pas : *La paix, même au prix de l'Alsace-Lorraine !* Dans tous les cas, ça viendra. »

Singulières facéties ! Quel dommage fait la presse à la France ! Quel mal fera-t-elle encore ? Pauvre presse française ridiculement dirigée à travers de folles élucubrations ! Dans une lettre datée de Berlin et insérée au numéro du 6 mai, le député continue par ces réflexions effrayantes de légèreté sous le titre : L'ALLEMAGNE N'EST PAS PRÊTE. « Quand je suis parti, personne ne m'aurait enlevé de l'idée que *l'Allemagne allait fondre sur la France.* Mes convictions s'en vont une à une ici. Ni au point de vue militaire, ni au point de vue financier, ni au point de vue stratégique, l'Allemagne n'est en mesure d'entreprendre la grande action à laquelle elle se prépare depuis dix-sept ans. Examinons cela de près et ne nous bornons pas à des affirmations, car *la chose a un intérêt immense pour les deux pays.* » Quel aveu d'incohérence ! En trois jours, ce député a changé d'opinion ! En trois jours, il a *découvert* que l'Allemagne n'était pas prête ! Comment ? bon Dieu ! a-t-il pu le *découvrir ?* Notre étourdi a crié, très haut, que l'Allemagne allait se jeter sur la France ; il a montré, horrible spectacle ! les Prussiens à Metz ne respirant que la guerre. Eh bien ! il s'est trompé. Du moment où la paix est maintenue, tout est changé. C'est que l'Allemagne n'est pas prête à la guerre ! Amusantes fantaisies de ce petit cerveau de député qui sait que pareilles contradictions ne tirent pas à conséquence devant le bon public parisien pour lequel il écrit.

La nouvelle lettre du député comporte trois démonstrations : *Les finances ne sont pas prêtes;* cette première démonstration est bien curieuse; le député conclut doctement : « *Pour les ressources immédiates*, pour la facilité à les obtenir, pour l'élasticité, *pour faire la guerre*, je préférerais certainement le budget français au budget allemand. » Le député croyait-il ce qu'il écrivait ? C'est fort possible. Cependant, pour quiconque a le sentiment des choses, tout cela est inexact. Même en 1887, il était difficile de penser ainsi ; deux ans après les événements, en 1889, on se demande quel bandeau le député avait sur les yeux pour préférer le budget français au budget allemand, au point de vue de la guerre. Fait curieux et absolument hors de doute ! le ministre de la guerre français n'avait même pas ses deux millions de fonds secrets *en louis d'or*. Entre autres *crocodiles* figurait dans sa caisse une créance de cent quarante mille francs sur le *Cercle Militaire*. Le député est en droit de dire qu'il ignorait alors ce détail qui caractérise cruellement la situation. Mais, à défaut de ce détail, quelle comparaison établir entre le *trésor de guerre* de Spandau et le total des disponibilités du ministère de la guerre français ? Il faut avoir fermé volontairement les yeux pour ne pas avoir vu !

Quant au second point démontré par le député : *L'armement n'est pas prêt*, le député concluait ainsi : « Le sort de la guerre peut dépendre du plus ou moins de CONFIANCE que les soldats auront dans leurs armes. *Nous seuls aujourd'hui pouvons aider l'artillerie à deux mille mètres d'une façon efficace.* » Ce point est développé légèrement : l'amplification en est faible; la périphrase relative au fusil Lebel manque de précision et de fermeté. Le député aurait-il reçu du ministre de la guerre français les confidences que ce dernier avait communiquées à M. Rochefort à cette époque ? On se le demande, en constatant la timidité des expressions. Mais alors pourquoi le reste des fanfaronnades ? Il est bon de rappeler que M. Rochefort, dans un de ses plus brillants articles de l'*Intransigeant* de 1889, a conté les angoisses patriotiques du général Boulanger sur ce point particulier du fusil Lebel : *L'armement de la France n'était pas prêt !*

Le troisième théorème à démontrer par le député : *Les fortifications ne sont pas prêtes*, était encore plus écourté ; mais le public est bon enfant, le titre lui suffisait, ce titre lui plaisait ; tout y était bien, et voilà comment le public parisien put penser alors : « *L'Allemagne n'est pas prête !* » après avoir pensé huit jours avant : « L'Allemagne veut fondre sur nous ! » Charmantes antithèses entre lesquelles le faible esprit public, secoué plus violemment que dans les Montagnes russes, finissait par ne plus savoir ni ce qu'il pensait, ni ce qu'il craignait, ni ce qu'il désirait.

Enfin, dans une lettre insérée au numéro du 11 mai 1887, sous le titre : « *Ce que valent les deux armées* », le député continuait à *monter* l'esprit de ses lecteurs en leur faisant croire des choses extraordinaires. Le député mettait dans la bouche d'un officier autrichien les confidences suivantes : « Au point de vue des officiers jusqu'au grade de colonel inclus, la supériorité française est incontestable. Vous avez là une pléiade merveilleuse et le Napoléon Ier *qui saura donner de l'avancement sur le champ de bataille à tous ces officiers* y trouvera des *Hoche* et des *Marceau*. La plupart n'ont pas connu *la défaite* et *l'oisiveté ;* ils sont admirablement préparés. » L'officier autrichien avait moins bonne opinion des officiers généraux français ! il comptait énormément sur la *popularité* (sic) du général Boulanger. Enfin, voilà la conclusion : « Voulez-vous connaître mon sentiment tout entier sur les deux armées actives ? Elles sont bien près de se valoir. — Mais j'augurerais mieux de l'armée française, car *vous êtes plus guerriers* et vous vous battrez pour une idée, POUR L'ÊTRE OU LE NON ÊTRE. L'Allemand ne se battra que *pour conserver l'Alsace-Lorraine*, ce qui, au fond, lui est bien égal. D'une part il y aura un sentiment, *un but désespéré*, une guerre d'indépendance ; de l'autre, simplement *le devoir.* »

N'est-ce pas à faire trembler ? cet enjeu

terrible ! *l'être ou le non être!* Enfin, il y avait des députés *au cœur léger*, même en 1887 ! Voici la conclusion enregistrée par le député : « Dans ces conditions, vous pouvez vaincre, je croirais, presque *facilement*. Vous êtes à peu près au point depuis la maladroite alerte Schnaebelé. Je serais tenté de dire, si cela n'était pas si grave, que *vous avez laissé échapper une occasion ;* n'attendez pas trop longtemps. » Voilà comment le député jouait avec l'opinion publique ! On sait à présent par les révélations de M. Rochefort quelle était en réalité la situation réciproque des armées française et allemande en avril 1887. Que penser alors des regrets : *Vous avez laissé échapper une occasion !* Quelle occasion ! L'occasion de *non être !* C'est le député lui-même qui a transcrit cette conséquence extrême de l'infériorité éventuelle de la France.

En 1889, la puissance de l'armée russe est le thème exploité par la presse française pour inviter les esprits à considérer avec *confiance* une guerre contre l'Allemagne, de concert avec la Russie. Ce thème n'a de raison d'être que la statistique consciencieuse des forces russes comparées aux forces des empires d'Allemagne et d'Autriche. Là devrait se borner l'effort de la presse : *faire connaître exactement* les ressources, l'organisation, le réseau de mobilisation et de concentration. Au contraire, la presse glisse sur ces détails ; la presse fait de l'éloquence, du sentiment. Elle procède comme le faisait, en 1887, le député dont les lettres ont été examinées plus haut. C'est la plus triste des méthodes, car elle est pleine de mécomptes pour le peuple ainsi instruit ; il serait aussi juste d'écrire : *ainsi trompé*. Sera-t-on tenté de trouver indifférente au présent sujet la digression où nous ont conduit les lettres de 1887? Non, sans doute ! car qu'importe au fond l'incident ou le personnage ? Ce qu'il faut connaître, c'est l'esprit public en France, comment s'y forment des courants ; c'est aussi le ricochet de ces idées sur l'Europe qui commente les extraits les plus violents de la presse française. L'Europe y découvre précisément ce que l'intérêt de ses gouvernements veut lui faire trouver.

Ces citations empruntées aux correspondances d'un député français avec un des grands journaux parisiens qui représentaient les idées gouvernementales, en disent long sur la faiblesse d'esprit du public français. Cette faiblesse d'esprit est des plus périlleuses dans un pays où le peuple, *l'opinion publique*, se croit le droit de crier : *A Berlin !* quand cela lui paraît opportun, quand la victoire lui semble au bout. C'est à ce point de vue que l'idée inexacte de victoires irrésistibles assignées par la force des choses à l'armée russe est un argument des plus dangereux pour l'existence même de la France. Une fois la France vaincue de nouveau, l'excuse : « *Je croyais la Russie plus forte !* » ne sera guère de mise. L'Europe répondra : « *Vous n'aviez qu'à ne pas le croire !* » C'est avant la lutte qu'il faut voir clair. Et, dans le doute, s'abstenir de toute provocation est le commencement de la sagesse.

Il faut du bon sens en politique, comme dans les diverses relations sociales. Une rixe s'engage. C'est le battu qui a tort, s'il a provoqué son vainqueur par des injures ou par des gestes. Qui veut être plaint doit s'abstenir de ce que le *Code des convenances* considère comme justifiant la colère d'autrui. Pas plus que l'individu, un peuple ne doit l'oublier. S'il l'oublie, il en subit la conséquence comme un simple particulier.

Le public témoin de la rixe prend rarement fait et cause pour le passant qui a eu la langue trop longue, lorsque ses biceps ne sont pas aussi solides que son gosier. La modération, la simplicité dans les explications fournies à l'ennemi devant le public sont les meilleurs garants de sympathie et de bienveillance de la part des spectateurs qui n'ont pas d'intérêt personnel à s'interposer. L'intempérance de langue, la fanfaronnade font hausser les épaules au badaud qui, après avoir compté les coups, part en murmurant : C'est bien fait ! Que la presse française épargne à son pays de pareilles appréciations de la part du Belge, du Suisse, de l'Espagnol, du Hollandais qui se mettent à la fenêtre quand les voisins *s'asticotent*. Alors la presse joue le rôle de la langue dans les disputes de carrefour. Si elle pouvait rester silencieuse! Si cette liberté de la presse était restreinte, quel profit pour la France ! Que la France gagnerait en considération auprès des étrangers, qui la connaissent surtout par ses intempérances de langue !

Le peuple allemand et tous les autres peuples sont heureux d'être privés de cette liberté de la presse. C'est une de leurs supériorités sur le peuple français. Se refuser le droit de dire une parole inconsidérée est une force énorme, au point de vue de ce qui s'appelle l'*opinion européenne*. Sans cette force, l'avantage de bons sentiments, le mérite d'intentions droites sont perdus pour le peuple dont la langue étourdie trahit le cœur ! La presse française en a donné maintes preuves depuis le mois de juillet 1870. Le mutisme sur les questions de politique extérieure vaut mieux que le bavardage à la mode. A plus forte raison la prohibition de l'injure, de l'insinuation injurieuse, des mille propos de nature à aigrir les peuples et à les exciter l'un contre l'autre serait un bienfait pour la France.

Il est des libertés dont il faut savoir se priver quand on veut vivre. La liberté de l'injure en est. Cette liberté de l'injure profite *au plus fort*, au mieux musclé; elle lui procure l'occasion d'écraser son adversaire. Avant d'injurier, il faut être sûr d'être le plus fort. Encore dans ce cas est-il plus digne de ne pas injurier. Conséquence : Ne jamais injurier. D'abord, parce qu'il y a *toujours doute* si on est le plus fort. Ensuite, parce que cela est plus digne et que cela vaut mieux après la victoire au point de vue du *qu'en dira-t-on*, au point de vue de la cordialité de la poignée de main que les spectateurs accordent au vainqueur après le duel en lui disant : *Bien agi !* Cette poignée de main n'est pas cordiale si le spectateur a conscience que les injures du plus fort ont amené la rixe. Le sentiment de sécurité personnelle veut que le provocateur soit battu. Une rixe n'est bien dénouée que si *l'asticoteur* a le dessous. Dans le cas contraire, le spectateur serre la main au *tombeur*, avec une arrière-pensée qui signifie : *Quand donc trouveras-tu ton maître ?*

La presse se rend-elle compte du tort qu'elle fait à la France lorsqu'elle manie l'injure ? Non, parce qu'aucun tribunal ne l'oblige à payer le dommage causé. Le premier pas vers une paix qui ne soit pas à la merci d'un incident envenimé par la presse sera la création de tribunaux jugeant ces questions de presse. Ces tribunaux seraient internationaux et souverains que le progrès n'en serait que plus marqué dans cette direction pacifique. Au fond, les peuples ont soif de paix comme les individus ont soif de sécurité. Sacrifier à cette paix l'intempérance de la presse serait une bonne action. Bonne action pour tous les peuples ; bonne action pour la France, qui, plus que jamais, a intérêt à jouir d'un bon renom !

Les intentions de la France sont excellentes ; son cœur est ouvert à toutes les souffrances, sa bourse se dénoue pour toutes les infortunes : sa mauvaise langue gâte tout. Qu'elle la tourne sept fois dans sa bouche avant de dire ce qui lui passe par la tête sur le compte de ses voisines, et la France jouira de l'estime, de la sympathie, de l'affection qu'elle mérite. Telle une brave femme parlant comme à la Halle, charitable et bonne à l'excès, perdrait sa réputation par de méchants propos lancés à l'étourdie ! C'est un gros point que de ne pas laisser libre cours à sa langue. L'apologue d'Ésope est toujours de saison. La presse est la meilleure, elle est aussi la plus mauvaise des puissances humaines. C'est affaire aux lois de décider ce que sera la presse entre ces deux extrêmes. Quant à ces lois, elles ont un caractère de souveraine utilité. Faute de ces lois, la France peut périr trompée par la presse !

Quoi qu'il en soit, peu importe, au point de vue de l'exactitude des faits, ce qu'une presse passionnée prétend y trouver. La statistique n'a rien à voir avec la passion. Libre aux passionnés de fermer les yeux à la statistique. La statistique n'en est pas changée. Nous avons compté les voies ferrées, nous avons chiffré les effectifs de paix, nous avons numéroté les étapes et nommé les obstacles qui séparent Kobryn, clef de la Pologne, du côté de la Russie, des armées austro-allemandes. Mais, dira un des *confiants* en la puissance militaire de la Russie, il y a aussi la France ! Comment se fera la concentration prussienne sur le carré polonais, si la France jette un million d'hommes sur les Vosges et sur la Moselle ? A cela nous répondrons d'abord que si l'armée française entre en ligne sur les Vosges, l'armée italienne se portera, au pas de course, sur les Alpes, en Corse, en Tunisie, en Algérie. La flotte italienne, soutenue, hélas ! par la flotte anglaise, menacera nos communications avec l'Afrique, comme avec le Tonkin !

Dans cette éventualité, l'Italie a un rôle de contre-poids qui ôte à l'offensive française toute spontanéité. La ruine du commerce français sur la Méditerranée, la guerre sur les Alpes et en Provence coïncidant avec une offensive sur les Vosges est le chef-d'œuvre de la diplomatie allemande.

Sans compter le bénéfice pour la politique pangermaniste de voir s'entre-dévorer les deux grands États latins, qui, unis, ne seraient pas trop forts, avec leurs soixante millions d'habitants, pour balancer l'influence teutonique! Ouvrons encore la *Revue militaire* (année 1888, numéro du 15 mars), lisons le tableau des forces militaires de l'Allemagne sur le pied de guerre, d'après la *loi militaire du 11 février 1888*.

Les forces offensives *de première ligne*, destinées à faire partie des armées d'opération(*Feld-Armee*),comportent 1,600mille hommes, 380 mille chevaux, 3,264 bouches à feu, réparties en 1,218 bataillons, 504 escadrons, 544 batteries. Dans l'analyse des forces allemandes disponibles en Pologne, quinze jours après la déclaration des hostilités, il a été parlé de neuf cent mille hommes, comme effectifs de l'armée allemande. Rien n'empêche l'Allemagne de prendre ces troupes dans les corps de l'Est, tandis que ses corps de l'Ouest mobiliseront et concentreront, sans souci des autres, sept cent mille hommes sur les Vosges, et les y réuniront bien avant que les armées françaises atteignent un pareil effectif. Le réseau de concentration de l'Allemagne sur les Vosges est, en effet, beaucoup plus parfait que le réseau français !

Mais ce n'est pas fini. Ces sept cent mille hommes ne seraient pas tout. La *Revue militaire* (page 314) établit aussi les effectifs des forces *de deuxième ligne* destinées au service des étapes, à la garde du littoral, à la défense ou à l'attaque des places fortes, *au maintien des effectifs* dans les unités mobilisées *(Besatzungs-Armee)* : total est de 1,075 mille hommes, ainsi répartis : 630 bataillons d'infanterie 1,400 hommes, 100 bataillons d'artillerie à 1,000 hommes, 100 compagnies du génie à 250 hommes, 37 dépôts d'artillerie de campagne à 400 hommes, 93 escadrons montés et 93 escadrons à pied, 18 dépôts du train et des équipages à 1,000 hommes. Admettons ces chiffres; admettons aussi la répartition précédemment indiquée pour la concentration de l'armée allemande : 900 mille hommes en Pologne, 700 mille soldats sur les Vosges. Sur les deux théâtres d'opérations, les deux armées allemandes gagnent de vitesse leurs adversaires, grâce à la supériorité de leurs deux réseaux de concentration.

Les armées allemandes entament les opérations. Deux jours après, 600 mille Autrichiens les aident en Pologne en faisant sentir leur pression au sud du carré polonais. Deux jours après, 600 mille Italiens les aident sur les Alpes en exerçant leur offensive sur toute la frontière française.

Voilà les opérations engagées au sud et au nord de Kobryn, au sud et au nord de Lyon. Jusqu'ici aucune infériorité pour aucune des armées allemandes. Il s'agit de répartir le million d'hommes représentant les troupes de seconde ligne de l'armée allemande.

Cette répartition peut s'imaginer ainsi : 700 mille hommes vers les Vosges, 375 mille soldats vers la Pologne ; en effet, du côté de la Pologne, l'armée autrichienne libérée de tout détachement vers l'ouest, grâce au concours de son alliée l'Italie, peut mettre en ligne, de semaine en semaine, les énormes effectifs que son réseau de concentration, inférieur à celui de l'Allemagne, n'a pu transporter aux premiers jours des hostilités.

Ces forces sont ainsi présentées par la *Revue militaire* (année 1889, numéro du 30 juin, page 730) : *Forces de première ligne* : 1,014 bataillons, 447 escadrons, 264 batteries, 77 compagnies techniques, formant un effectif total de 1,260 mille hommes. *Forces de deuxième ligne* : 443 bataillons d'infanterie, 57 escadrons, 28 batteries, 12 bataillons d'artillerie, 17 compagnies techniques, formant un effectif total de 529 mille hommes.

Si l'on veut opposer aux effectifs austro-allemands, en Pologne, les effectifs russes, on trouve, dans la *Revue militaire,* les indications suivantes (année 1888, numéro du 30 novembre, page 622) : « Sans dégarnir d'un seul homme les troupes qui gardent le Caucase, ainsi que celles de la Russie d'Asie, l'empire russe peut former une armée de première ligne forte d'environ 1,355 mille hommes, tout en conservant *1,100* mille hommes pour constituer des troupes de seconde ligne, garder le territoire, assurer les services de l'arrière et réparer les pertes que subira l'armée de première ligne. » Ces chiffres sont bien au-dessous des effectifs qui se rapportent aux deux empires de l'ouest, savoir : 2,800 mille hommes pour les troupes de première ligne, avec 1,604 mille hommes pour constituer des troupes de seconde ligne.

La comparaison est saisissante; elle montre que l'Allemagne et l'Autriche, bien que le nombre de leurs habitants soit sensiblement égal à celui des habitants de la Russie d'Europe, ont un excédent de 1,445 mille soldats pour les armées de première ligne, et de 504 mille soldats pour les armées de seconde ligne.

Pour se livrer à une comparaison analogue d'effectifs, par rapport aux troupes françaises et aux forces italo-allemandes, examinons les effectifs de l'armée italienne: nous les empruntons à la *Revue militaire* (année 1887, numéro du 15 février, page 185); il s'agit de la situation accusée par le général Torre, à la date du 30 juin 1886 : Armée permanente, 902,112; milice mobile, 285,307.

L'ensemble de ces deux chiffres constitue le total des forces de première ligne de l'Italie, soit 1,187 mille hommes, en nombre rond. Quant aux forces de seconde ligne, elles sont représentées par 1,302 mille hommes, appartenant à la milice territoriale.

Si l'on réunit ensemble les résultats statistiques contenus dans les pages qui précèdent, on trouve que les forces de première ligne de la triple alliance forment un ensemble de 3,987,000 soldats. Quant aux forces de deuxième ligne qui constituent le réservoir où seront puisés les renforts et les remplacements des armées de première ligne, elles s'élèvent à 2,906,000 soldats.

Ce sont de gros chiffres. Il faut cependant ne pas se faire d'illusions. Avec les réseaux ferrés dont dispose la triple alliance, ces quatre millions de soldats seront concentrés dans la quinzaine qui suivra l'ouverture des hostilités sur les quatre théâtres principaux d'opérations, savoir : les Alpes, les Vosges, le Haut-Bug et la Narew. Avec ce réseau perfectionné, la concentration de quatre millions de soldats en quinze jours, soit un million de soldats, sur chaque théâtre distinct, est un problème élémentaire, et beaucoup plus facile que les problèmes journaliers résolus pour le transport simultané des trains de charbons, trains de blés, de vins, auxquels donnent lieu les arrivages sur voies ferrées. C'est beaucoup plus long, mais cette longueur est toute la difficulté.

Au reste, rien de plus facile (il s'agit de l'action de trois puissances occupant une position centrale entre deux États occupant l'Ouest et l'Est de leurs frontières) que de totaliser les ressources.

	Population.	Longueurs des voies ferrées.
Allemagne	47.102 milliers	38.264 k.
Autriche .	40.968	23.390
Italie. . .	29.701	11.388
Soit .	117.771 milliers	73.042 k.

En nombre rond, cent dix-sept millions d'habitants et soixante-treize mille kilomètres de chemins de fer pour la triple alliance.

Russie . .	87.472 milliers	27.355 k.
France . .	38.218 »	33.345
	125.690 milliers	60.700 k.

L'avantage du nombre d'habitants est de huit millions du côté de la double alliance supposée entre la France et la Russie. L'avantage du développement des voies ferrées est de treize mille kilomètres au profit de la triple alliance.

Ces deux éléments résument la supériorité considérable de la triple alliance au point de vue de la *vitesse de concentration* et la supériorité sensible de la double alliance au point de vue du *nombre*. Mais est-ce bien là le nombre de *soldats*? Il n'y a pas nécessairement un rapport constant entre le nombre des habitants et le nombre des soldats assez *exercés*, assez *habillés*, assez *armés*, pour être *mobilisables*. C'est le total de ces mobilisables de première et de seconde ligne qu'il importe de réaliser pour la double alliance, afin de le comparer au total analogue pour la triple alliance. En somme, la double alliance, avec une notable supériorité d'habitants sur la triple alliance, a-t-elle des effectifs mobilisables plus élevés?

Afin de le vérifier, il faut ajouter, aux

forces de la Russie, les forces militaires de la France. Que sont ces forces ? On peut dire que la loi de recrutement promulguée le 16 juillet 1889 a beaucoup accru ces forces. On peut aussi réserver son opinion au sujet de cet accroissement jusqu'à la date où les cinq classes supplémentaires de la réserve de l'armée territoriale ajoutées d'un trait de plume aux classes mobilisables auront des fusils, des vêtements et des cadres. Quoi qu'il en soit, les forces de la triple alliance s'élèvent à 3,987 mille soldats de première ligne, tandis que pour la Russie le chiffre analogue est de 1,355 mille soldats. La différence, soit 2,632 mille soldats de première ligne, peut-elle être représentée par les forces militaires de la France ? Le même raisonnement suivi pour la statistique des forces de deuxième ligne donne une différence de 1,806 mille soldats de seconde ligne entre les forces de la triple alliance et les forces de la Russie.

Cette différence peut-elle être atteinte par les forces françaises? Non! évidemment. En prenant la moitié de ces chiffres, soit 1,316 mille soldats de première ligne et 903 mille soldats de seconde ligne, il semble que l'on soit très près des forces que la France peut réellement organiser et mettre en ligne, tant sur les Vosges que sur les Alpes. Il resterait donc un écart sensiblement égal à ces deux derniers chiffres entre les forces militaires de la triple alliance et les forces militaires de la double alliance, tant pour les troupes de première ligne que pour les troupes de seconde ligne.

Il est vrai que l'évaluation qui précède peut être taxée d'insuffisance au point de vue des troupes françaises tant de première que de deuxième ligne; si l'on compte très serré tout ce que renferment les cinq classes ajoutées par l'encre de la loi du 16 juillet 1889, et si l'on admet que cette encre les a habillés, armés, équipés, inscrits sur les contrôles, on peut obtenir pour les forces de première ligne de la France le chiffre de 1,632 mille soldats. Il faut remarquer ce que ce chiffre a d'optimiste, car il dépasse le chiffre correspondant de l'armée allemande, chiffre fourni par une population qui l'emporte de neuf millions d'habitants sur la population française, chiffre établi sur des contingents exercés depuis vingt années, dans des proportions numériques qui n'ont été approchées ni par la France ni par aucune armée européenne, chiffre établi après le vote de dépenses considérables et minutieusement calculées pour l'armement, l'équipement, l'habillement de cet énorme effectif de soldats. Enfin, admettons ce chiffre de 1,632 mille soldats de première ligne pour l'armée française ; il paraît excessif d'en imaginer un plus fort. Eh bien ! l'écart reste de un million juste de soldats de première ligne entre les armées de la triple alliance et les armées de la double alliance! Dans cette exposition sommaire, force est de considérer les trois États de la triple alliance comme formant un seul Empire, avec son armée, son réseau de chemins de fer, avec ses quatre théâtres d'opérations. C'est en effet la force principale d'une semblable alliance que tout y est disponible. Les détachements que l'Autriche devrait garder dans le Tyrol, si l'Italie restait neutre, sont aussi précieux à la cause commune que les effectifs même procurés à cette cause par l'armée italienne. Ce syndicat de trois États formant des *Etats-Unis*, au moins pour un temps et en vue d'un résultat déterminé, est le chef-d'œuvre de la diplomatie allemande ; car, avec leurs forces réunies, ces trois États ont des chances de résoudre à leur bénéfice les problèmes territoriaux et économiques susceptibles d'exciter les passions des divers peuples européens.

L'hégémonie de ces *Etats-Unis* appartient évidemment à l'Allemagne. L'Allemagne y apporte son armée aussi puissante par le nombre que par l'organisation, aussi redoutable par la promptitude de sa mobilisation que par le foudroyant de sa concentration. L'Allemagne y apporte encore son désintéressement. En offrant à l'Autriche le maximum de protection morale contre les empiétements du Slavisme vers le Danube, en offrant à l'Italie le littoral africain et la prépotence méditerranéenne pour le cas où le sort des armes rendrait disponibles ces gages précieux, l'Allemagne a su concerter trois États en vue de se prêter leur concours, comme le feraient trois provinces du même empire. C'est là un résultat énorme. Nier la grandeur de ce résultat serait enfantin. Pour tout esprit sage, ce résultat est de paralyser la France dans ses revendications sur le Rhin en lui faisant toucher du doigt le péril de ces revendications, la perte de sa puissance méditerranéenne au profit de l'Italie ! Ce résultat est de paralyser le Slavisme dans ses revendications sur le Danube, en lui faisant sentir le péril d'une de ses armées engagée dans les Balkans, le jour où le cercle de fer des armées austro-allemandes étreindrait la Pologne !

Que faire alors pour la Russie ? Que faire pour la France ? Tout, excepté la guerre. La guerre résoudra le problème contre la Russie, contre la France. Cela est clair. La suprême habileté de l'Allemagne est d'empêcher que cela soit très clair. C'est le mérite qu'elle a eu en mai 1866 et en juillet 1870. Faute d'avoir eu cette finesse, la force militaire de l'Allemagne aurait été fort en peine d'obtenir les résultats à présent acquis. L'Allemagne recommencera en 1890. Un vieux proverbe dit qu'il n'y a de vraiment bons que les arguments répétés. L'Allemagne répète actuellement la démonstration. Il est probable qu'après l'argument de 1890, l'Europe sera si bien persuadée qu'elle ne fera plus d'objection. Un pas de géant aura été fait dans le sens de la *paix universelle* contre les Slaves et aussi contre la France, au profit des co-participants du syndicat des Etats-Unis d'Europe qui en tireront chacun le bénéfice que les choses humaines peuvent accorder à ceux qui peuvent en profiter.

La *paix universelle* obtenue sous cette forme sera la consécration pour la France d'un état de choses plus douloureux, infiniment plus humiliant que l'état actuel. Il n'est pas nécessaire d'être très clairvoyant pour s'en rendre compte. Il faudrait cependant être très fort pour indiquer le plus sûr et le moins difficile des *modus vivendi* qui peuvent dégager la France de cette terrible impasse. La France est très gênée par la triple alliance. La menace de l'Italie a une portée qu'il serait absurde de diminuer. Avant tout, pour un Français qui a le sens commun, il faut que la France vive. Pour que la France vive, il faut la paix. Pour la paix, que faut-il? Il faut que les Français, — la presse française surtout, — s'abstiennent de provocations, même sous prétexte de répondre à d'autres provocations. Il faut enfin que la France, au cas où elle serait sérieusement provoquée, puisse compter sur un secours en Europe, sur une assistance, et, à défaut de secours matériels, sur cette affection cordiale, qui, dans les désastres et dans les deuils, permet de supporter avec moins de désespoir ce que nous sommes convenus d'appeler les injustices de l'adversité.

Où trouver des alliés? Où trouver des amis? Où trouver un, deux, trois Etats, grands ou petits, consentant à former avec la France un syndicat d'Etats-Unis où la France mettrait *tout ce qu'elle a*, afin d'obtenir de ses alliés *un peu de ce qu'ils ont*, au cas où la sécurité de la France serait menacée? La réponse est bien difficile. Si la question était posée sous forme d'*Union* en vue de maintenir la paix, où les participants se remettraient d'avance à l'arbitrage du syndicat représenté par une *Diète* déterminée, peut-être aurait-elle quelques chances d'aboutir. Nul doute que l'Espagne accepterait les offres de la France dans cet ordre d'idées, surtout si la présidence du syndicat était offerte au Souverain Pontife, ou à un personnage délégué par le Souverain Pontife. Nul doute, une fois l'Espagne et la France ainsi unies en vue de maintenir la paix, que les aspirations du Portugal, de la Belgique, de la Suisse, de la Grèce n'amènent ces États à adhérer au syndicat dans les conditions d'arbitrage déjà spécifiées.

Cela fait, un pas de géant serait réalisé vers l'idéal entrevu des *Etats-Unis d'Europe*. Non que ce pauvre petit syndicat pourrait empêcher la guerre, si le terrible *hêgemôn* de la triple alliance invoquait cette *ultima ratio!* Dans les choses humaines rarement peut-on tout; on peut un peu. C'est toute une vie que de réaliser ce *peu!* Le monde se règle par la force morale autant que par la force matérielle. Seulement chacune a son tour. C'est en ce sens que la presse française peut être justement accusée des futures défaites de la France, si ces désastres se réalisent, car en aliénant à la France l'opinion et la sympathie européennes, la presse française a consacré moralement les conquêtes que la force brutale pourra réaliser! La création d'un tribunal arbitral, modeste dans sa forme, sage dans ses arrêts, serait, en face de la triple alliance, une nouvelle solution apportée au problème du *maintien de la paix*.

Si nous n'avons pas prononcé le nom de la Russie en énumérant les Etats où le sentiment public se manifesterait en faveur de ce groupement arbitral, c'est que la Russie en est aux antipodes. Elle en est encore plus loin que l'Allemagne. La Russie panslaviste ne rêve que conquêtes, conquêtes au delà du Danube, conquêtes en Asie Mineure, conquêtes dans le Turkestan, conquêtes sur les rives de la mer du Japon! La guerre est l'idée fixe du Slave. Pour lui pas de paix, pas d'arbitrage; il faut la force des armes, toujours! Et toujours à son profit! Bien différente est l'idée de l'Allemand. L'Allemand veut conserver ce qu'il a conquis. Certes, cette idée est douloureuse pour un Français, mais il faut savoir garder sa douleur quand on n'est pas assez fort pour la montrer.

L'Allemand arme à outrance parce qu'il admet comme probable un conflit où seront jouées ses conquêtes passées. L'Allemand ne paierait pas un soldat de plus pour gagner de nouvelles provinces. Mais jamais il ne veut être dépouillé par les armes des provinces qu'il a prises par les armes. C'est un point de vue égoïste, mais beaucoup moins dangereux pour le voisin que l'idée slave qui veut la Turquie d'Europe, la Turquie d'Asie, l'Asie centrale, parce qu'elle se croit la force de les prendre. Il faut apprécier ses voisins comme ils méritent de l'être : l'Allemand est égoïste, il nous tient rancune de nos mauvais propos, il appréhende nos coups de tête, mais il se borne à armer à outrance pour nous maintenir, *dans le cas où nous passerions des paroles aux actes.*

La véritable cause du malaise européen est ailleurs. La Russie veut le Danube, sinon comme fleuve Russe, tout au moins comme fleuve arrosant des provinces obéissant au mot d'ordre de Saint-Pétersbourg. Absolument opposé est le sentiment des populations Danubiennes. Quant à l'Autriche, elle appréhende l'extension du colosse russe sur ses frontières méridionales. Son appréhension prend un caractère d'hostilité. Cela se comprend, du reste. Le plus curieux, c'est qu'il se trouve, pour contester la légitimité de pareilles inquiétudes, plusieurs des oies bruyantes de la presse française qui propagèrent l'alarme et montèrent les esprits quand il fut question de couronner un Hohenzollern au sud des Pyrénées! C'est entre la Russie et l'Autriche qu'éclatera nécessairement le conflit. Si ce conflit éclate, nous souhaitons à la France de laisser aux prises l'ambition slave avec les forces de l'Autriche secourue ou non par les forces de la triple alliance. Intacte ou vaincue, la Russie n'est d'aucun secours pour la France en 1890. Que la France se mette de la partie, la triple alliance mobilisera deux millions de soldats de plus, elle supportera un effort double pour ses finances et pour ses pauvres paysans. Il y aura cinq ou six cent mille tués de plus. Mais le résultat final ne sera pas différent. Cela est triste. Cela est ainsi. A quoi bon rêver? La statistique est là pour montrer que du moment où il y a *triple alliance*, il n'y a pas d'équivoque.

Ah! s'il n'y avait pas la triple alliance, si la France ne fût pas allée en Tunisie, si Bismarck avait été moins habile, si... mais à quoi bon jouer avec ce qui est fait et fait contre la France? C'est l'avenir et le présent qu'il faut examiner. Comme l'écrivait sur ce sujet M. Anatole Leroy-Beaulieu au début d'un livre remarqué sur *la France, la Russie et l'Europe* : « La France doit plus que jamais se garder des chimères, des coups de tête ou de cœur. » Dans ce livre, M. Anatole Leroy-Beaulieu a exposé avec beaucoup de justesse les circonstances grâce auxquelles l'opinion russe et l'opinion française — ces deux commères à qui les malins de la presse font lire chaque jour de nouvelles billevesées à sensation — se sont crues à l'unisson! Ce livre est une mordante satire du travers national, la légèreté! « On dirait notre mobilité française incapable de mesure. En littérature, de pareils engouements sont peu dangereux, ils se corrigent par leurs excès mêmes. Il en est autrement en politique. Là, tout est grave. »

En effet, l'équilibre européen n'est qu'un problème de statistique. La guerre qui rompra cet équilibre est pure affaire de statistique. Quand l'Allemagne réclamait au Reichstag, en 1887, des fonds de guerre supplémentaires, la presse française avait beau jeu de crier : « Comme ces gens-là ont peur! » et, par voie de corollaire : « Comme Boulanger est un grand homme qui donne une telle peur! » En réalité, de Moltke n'avait pas peur, Boulanger n'était pas un grand homme et la statistique militaire accuse présentement l'accroissement des forces allemandes sans que la presse française ni Boulanger aient fait progresser d'un fétu la statistique des forces militaires de la France. « Mais au point de vue de la *confiance* en ces forces militaires, quel succès ! — diront volontiers les partisans des articles à sensation ; quelles vibrations de la fibre militaire ! » C'est avec de pareilles billevesées que l'on donne *confiance* à l'opinion !

Avec beaucoup de vigueur, M. Anatole Leroy-Beaulieu écrit : « Entre la France et la Russie, il y a une barrière vivante, la Pologne. Pour aller à la Russie, il faut que la France passe par-dessus le corps de la Pologne ; » et il ajoute : « Le peut-elle ? Ses préférences polonaises sont-elles pur sentimentalisme, comme Paris et Pétersbourg affectent parfois de le croire ? Non, assurément ; elles tiennent à l'âme même de la France. » Le jugement de M. Anatole Leroy-Beaulieu doit une autorité singulière aux études minutieuses de son auteur sur la Russie. Qui n'a lu dans la *Revue des Deux-Mondes* quelqu'un des nombreux articles où M. Leroy-Beaulieu a exposé les questions russes? Qui n'a lu, ou du moins entendu citer son ouvrage sur *l'Empire des tzars et les Russes?* Nous conseillons aux lecteurs de journaux qui vantent les bienfaits et les avantages de la politique franco-russe de lire les soixante premières pages du petit livre de M. Leroy-Beaulieu. Ils y verront les causes accidentelles de cette curieuse comédie au cours de laquelle « M. Floquet et M. Lockroy mêlaient leurs larmes aux pleurs du général Boulanger sur la tombe de Katkof, le grand pourfendeur des révolutionnaires, » tandis que « radicaux et intransigeants s'inclinaient avec une vénération de néophytes devant l'autocratie tzarienne. »

Avec une parfaite netteté, M. Leroy-

Beaulieu montre qu'entre Berlin et Pétersbourg il n'y a aucune rivalité d'intérêt. C'est entre Vienne et Pétersbourg qu'est le différend. Berlin n'est en froid avec Pétersbourg qu'à cause de son intimité avec Vienne. M. Anatole Leroy-Beaulieu va jusqu'à l'appréciation suivante : « Aux yeux de la plupart des Russes, la monarchie des Habsbourg n'est qu'une création artificielle, une marqueterie de peuples destinée tôt ou tard à se désagréger. Pour la détruire, plus d'un Russe ne répugnerait pas à s'entendre avec le nouvel empire de l'Ouest, car, avant d'en venir aux mains, les deux rivaux qui convoitent l'hégémonie de l'Europe, peuvent encore *s'agrandir simultanément aux dépens d'autrui.* » Les cinq mots qui résument l'idée cynique terminant cet exposé montrent combien la Russie serait éloignée d'admettre l'idée du tribunal arbitral dont la création pourrait devenir un gage de paix et de sécurité pour l'Europe !

Dans la *Question d'Orient au dix-huitième siècle*, M. Albert Sorel a écrit qu'un jour les puissances copartageantes de la Pologne trouveraient matière à partage dans l'une d'elles. M. Leroy-Beaulieu remarque là-dessus que la difficulté pour la Russie et pour la Prusse serait de *faire le lot des deux larrons*. Il indique qu'il y a encore, pour les *amateurs de grande politique*, une autre Pologne en Turquie, avant de procéder au démembrement de l'Autriche. Après ces considérations intéressantes sur la politique de la Russie et de l'Allemagne, M. Leroy-Beaulieu s'exclame sur l'ignorance où est la presse française de ce qui touche à la Russie. « Cette Russie, à en juger par leurs démonstrations sur la tombe de Katkof, les Français ne semblent guère mieux la connaître qu'au temps de Custine ! » Cette exclamation justifie plus que ne le ferait une longue démonstration les efforts tentés dans le présent livre pour faire apercevoir à nos concitoyens quelques-uns des points essentiels de la statistique russe. « Le gros public se forge une Russie de convention, il exalte ce qui est russe, comme il le honnissait naguère, aussi ignorant dans son engouement du jour que dans ses dédains de la veille. Toute la différence c'est que le préjugé s'est retourné. »

Encore un coup, cette erreur serait insignifiante, elle ne mériterait pas d'être relevée avec plus de soin que les mille erreurs quotidiennes de la presse française, si les conséquences pour la politique française ne pouvaient être mortelles. « Il n'existe à la cour de Pétersbourg ni tradition, ni influence, sinon en faveur de l'alliance prussienne, en faveur de la politique dite conservatrice. En cas de catastrophe, le tzar serait fortement enclin à y revenir. Cette catastrophe sera-t-elle conjurée? Dieu qui a gardé le tzar continuera à le protéger, s'il écoute les prières des moujiks... » Ce trait vise les attentats contre le fils d'Alexandre II résumés comme il suit par l'auteur de *l'Empire des tzars et les Russes* : « Le tzar a besoin qu'une légion d'anges veille nuit et jour sur lui, car si la police russe a jusqu'ici déjoué tous les complots, il s'en reforme sans cesse, jusque dans l'armée, *parmi les officiers*. Il n'y a guère qu'un an, en mars 1887, dans la Grande Morskaïa on jetait devant le traîneau de l'Empereur des bombes strychninées. Il n'y a pas six mois qu'une commission militaire jugeait un nouveau groupe de conspirateurs. Jamais le mot

DESPOTISME TEMPÉRÉ PAR L'ASSASSINAT n'a été plus de saison. »

Cela est-il un accident? est-ce un orage après lequel viendra le beau temps? Non! telle n'est pas l'opinion du *Russologue* (il faut excuser la barbarie du terme) éminent que la presse française n'a ni lu, ni médité. « Et cela ne semble pas près de prendre fin. *C'est la conséquence de* TOUT LE RÉGIME RUSSE. » Après cet examen du gouvernement, de ses traditions et de sa stabilité, il y aurait lieu de savoir la valeur des finances russes. Ah! que les gogos français feraient sagement de méditer ces trois lignes (page 96) : « Le budget, construit avec des assignats, ressemble à un Palais de Glace construit avec des blocs de la Néva. *Il fondra au premier dégel.* » Si cette appréciation frappe le gros public et lui donne l'envie de lire la démonstration à laquelle elle est empruntée, notre encre aura été bien employée. Quant aux finances russes, ce n'est pas ici le lieu de les examiner, pas plus que l'administration russe : deux mots seulement pour résumer l'opinion de l'auteur de *l'Empire des tzars et les Russes.* « Que dire de l'administration russe? Chacun en connaît le mal invétéré, la corruption. C'est proprement le mal russe. »

Encore un mot : il intéresse de près les choses militaires. « Récemment encore on découvrait qu'en tel et tel régiment hommes et chevaux ne recevaient pas la nourriture qui leur était allouée. » Le lecteur peut apprécier notre méthode. Nous guillemettons les extraits empruntés par nous aux autorités les plus sûres. Ici, c'est à M. Leroy-Beaulieu ; plus haut, c'était à la *Revue militaire de l'Etranger* ou à la *Revue générale des Chemins de fer.* A chaque instant, le lecteur peut contrôler; il peut aussi lire dans leur intégrité les documents auxquels nous empruntons leur suc, leurs conclusions : « Les défiances contre la politique russe sont grandes dans tous les cabinets. De Stockholm à Rome et à Madrid, on trouve que la Russie couvre assez de place sur la carte d'Europe. La triple alliance pourrait entraîner à sa suite *Turquie, Roumanie* et *petits États d'Orient.* » O Français! qui lisez avec plaisir les excitations qui chatouillent votre amour-propre! que ces quelques lignes vous suggèrent l'idée de creuser un peu ce grave problème avant d'y deviner une solution qui flatte votre vanité : « La France alliée à la Russie devrait faire face à l'ennemi sur toutes ses frontières à la fois, sur terre et sur mer, en Europe et en Afrique. »

Ce que sera cette action militaire, ce livre l'a exposé plus haut en invoquant la statistique. Est-il quelque chose de plus effrayant? S'étonne-t-on, après avoir bien réfléchi aux flots de sang français offerts à des ennemis nombreux, organisés, que l'idée nous soit venue d'un tribunal international, d'un syndicat où la France et l'Espagne, le Portugal et la Belgique, la Suisse et la Grèce, tout ce qui n'a pas horreur d'une paix qui laisserait la France vivante, réunirait en un faisceau d'efforts pacifiques les idées d'humanité et de christianisme qui surnagent au milieu des flots montants de la barbarie matérialiste, décorée du nom de concurrence vitale. « L'alliance russe aliénerait à la France ce qui lui reste de sympathies en Occident, au sud des Alpes comme au nord de la Manche. » (Page 113.) Que la presse parisienne réfléchisse à cet avis et aussi au suivant (page 119) : « Entre empereurs il est toujours aisé de traiter. Qu'on se rappelle Villafranca : une entrevue d'une heure suffit pour arrêter les préliminaires de la paix... Une guerre malheureuse risquerait fort de se terminer par une réconciliation des trois empereurs et une nouvelle Sainte-Alliance contre la Révolution personnifiée par la Commune de Paris. » Pour tracer l'esquisse de la prochaine lutte entre la triple alliance et la future double alliance célébrée par la presse française comme le salut, il suffit de réunir les observations qui précèdent.

Pendant trois ou quatre jours, supériorité notable de l'armée russe sur le théâtre polonais. La cavalerie russe précédant une armée de deux cent mille hommes, peut pousser jusqu'à cent kilomètres sur la route de Vienne ou sur la route de Berlin. A la rigueur, l'armée russe peut pousser à fond sur les deux routes. Seulement, alors, sa supériorité est bien diminuée.

Quatre jours! c'est la durée du premier acte pendant lequel l'armée russe de Pologne a pu prendre l'offensive, rompre les voies ferrées, entraver la mobilisation des corps frontières. Ensuite commence le second acte. La mobilisation est terminée en Allemagne et en Autriche. En avant la concentration! C'est l'affaire de dix jours. Au bout de ces dix jours, il y a quinze cent mille Austro-Allemands dans le carré polonais vers deux directions où la densité est maximum : la direction Saikowek-Grodno au nord, la direction Chelm-Kowel au sud.

Pendant ce second acte on s'est battu ; ce ne sont pourtant que des combats au prix de la bataille décisive qui se livrera dans une semaine, mais ce sont des combats où cent mille fusils seront en jeu. Pendant ce second acte, le raid sur Vienne ou sur Berlin aura eu la fin ordinaire des opérations de ce genre, c'est-à-dire une retraite plus ou moins chèrement achetée... si la cavalerie russe peut faire retraite ! Pendant ce second acte, chaque étape des armées prussienne et autrichienne sera marquée par des rencontres sanglantes. Quatorze jours après le commencement de la mobilisation, commence le troisième acte, l'acte décisif pour la Pologne et pour tout ce qu'elle contiendra de troupes, l'acte qui se dénouera en une semaine par la réunion vers Kobryn des avant-gardes prussiennes et autrichiennes. Ce squelette de campagne en Pologne dessiné en trois coups de crayon donne l'idée de la manière foudroyante dont seront employés les vingt et un jours consécutifs à la déclaration d'hostilités.

Quant aux Vosges, ce sera une concentration analogue sur leurs deux versants. Une légère avance appartiendra à l'Allemagne, de même qu'une légère supériorité appartiendra à sa cavalerie. Cette supériorité d'un jour ou deux lui permettra peut-être quelques pointes chèrement achetées pour rompre une ou deux voies ferrées à cinquante kilomètres de la frontière. Deux semaines après l'ouverture de la mobilisation s'ouvrira le second acte, celui des opérations décisives où le canon pourra faucher cent mille têtes de part et d'autre sans que les généraux en chef aient le droit de désespérer. Ce que sera l'issue de ces batailles engagées sur sept ou huit lieues de front, les historiens le détailleront plus tard. Ce qui est certain, c'est que d'une part comme de l'autre, de grands efforts seront accomplis, des actes de bravoure héroïque accompagneront de rapides funérailles où les bataillons seront couchés par le canon avant même d'avoir pu tirer un coup de fusil, où d'autres bataillons prendront leur place !

Après quarante-huit heures de bataille ! après cent heures ! on commencera à discerner nettement le vainqueur. Les plus nombreux bataillons, les plus habiles à occuper les derrières de l'ennemi auront, avec le champ de bataille, les dépouilles de l'ennemi ! Quel est le vainqueur ? Question pleine d'angoisse ! Il faudra que Dieu combatte avec la France, car la statistique est contre la France. La prudence défend de considérer l'esprit de l'armée ennemie, son organisation, sa vigueur comme au-dessous de l'armée française. La bataille gagnée par la France ! qu'est cela pour les Français des Alpes et de la Corse, de la Provence et de la Tunisie, du Tonkin et de Madagascar ? Car il y a l'Italie, et avec l'Italie... l'Angleterre !

La France peut-elle oublier que la guerre entre l'Angleterre et la Russie ne tint qu'à un fil, lorsque au mois de mars 1885 la Russie marchait sur Hérat! « Il n'y a que deux Etats dont l'Angleterre s'imagine avoir quelque chose à redouter. Ces deux Etats sont précisément la France et la Russie. » (Page 234 de *la France, la Russie et l'Europe*.) Que la presse parisienne n'oublie pas ce que ces lignes contiennent de vérité! qu'elle ait cette vérité présente ; car, à l'oublier, quel réveil pour nos pauvres colons! « Les trois puissances contre lesquelles certains nouvellistes voudraient enrôler l'Angleterre à côté de la France et de la Russie sont précisément les trois États pour lesquels les Anglais ont le plus de sympathie, avec lesquels ils se croient le plus d'intérêts communs. » Le rôle de la marine anglaise est décisif au point de vue de l'action de la puissance française sur la Méditerranée; on ne saurait trop peser les raisons qui font agir la politique anglaise. « Les Anglais ont été presque unanimes à se réjouir de la résurrection de l'Empire d'Allemagne. Cela avait pour eux le grand mérite de mettre fin à la prépotence française. »

Voilà pour le passé ; quant à l'avenir (page 331) : « L'Angleterre voit dans le jeune royaume d'Italie ce qu'elle a toujours cherché sur le continent, un soldat disposé à se mettre à son service. Les complaisances de l'Italie pour l'Angleterre en Egypte ne sont pas faites pour décourager ces sympathies. Tant que l'Italie semblera entendre *l'équilibre de la Méditerranée* au profit de l'Angleterre, le *Foreign-Office* sera prêt à se mettre d'accord avec la *Consulta* pour le maintien de cet équilibre. S'il n'existe pas à cet égard de TRAITÉ FORMEL entre la Grande-Bretagne et la Péninsule, il n'est pas douteux qu'il y a une ENTENTE entre les deux gouvernements. En cas de guerre, il ne faudrait pas s'étonner de voir les flottes anglaises se charger de la *protection des côtes italiennes*. » Comprend-on l'importance qu'aurait la *ligue des pacifiques* sous la présidence du Souverain Pontife pour resserrer les sympathies et les forces des *faibles* qui ont TOUT A CRAINDRE de la triple alliance? Cette ligue aurait-elle pour seul résultat d'assurer aux colonies le bénéfice de la paix, lorsque les métropoles seraient en état d'hostilité, ce serait pour la civilisation et pour l'humanité un avantage de premier ordre. Quelle chose affreuse que de faire massacrer au Tonkin ou à Madagascar les Français traqués à la fois par les indigènes et par la marine anglaise! Quelle atroce imprévoyance que de faire violer, piller, brûler par les Arabes nos villes d'Algérie attaquées par l'armée italienne et bloquées par les flottes combinées de l'Angleterre et de l'Italie ! Quelle honte si ces possessions précaires où l'Européen implante malaisément avec sa famille les traditions d'humanité étaient renversées de fond en comble par d'autres Européens !

Là encore, si quelque autorité morale existe en Europe par laquelle ces conquêtes de la France puissent être sauvegardées, ne faut-il pas faire appel à cette autorité ? Et si nous avons prononcé le nom du Pape, c'est parce que les égoïsmes seuls empêchent de reconnaître et de proclamer cette autorité morale. Le luthérien Bismarck ne l'a-t-il pas invoquée, cette autorité catholique, lorsque l'intérêt de l'Allemagne la lui a indiquée ! Et la France, l'Espagne, le Portugal, la Belgique, quatre nations catholiques, hésiteraient à former une alliance latine inscrivant la solidarité commune sous l'arbitrage du Pape, cet arbitrage auquel le Portugal et l'Espagne durent la paix dans leurs entreprises coloniales communes, lorsque le Pape traça sur la sphère terrestre la ligne séparant le double domaine des deux grands royaumes catholiques! A l'alliance latine ouverte à tous, la Suisse, la Grèce, la Roumanie, la Serbie, tous les petits se joindraient volontiers, tout au moins de cœur ; car tous les faibles se rendent compte de ce que contient d'horrible, la guerre, le droit de la force !

Les Balkans ont subi la guerre comme les Vosges. La guerre avec ses cruautés, avec ses horreurs, n'est pour plaire à aucun des petits. La Roumanie se souvient que la guerre de 1877 lui a été dommageable, en dépit de son dévouement au salut de l'armée russe. Voilà comment le chef de bataillon Marga (tome III, page 46) a résumé ce grave épisode de l'histoire de la Roumanie : « Lorsque, en 1877, la Russie déclara la guerre à la Turquie, elle ne pouvait *attaquer efficacement* son ennemie que par la Roumanie. Celle-ci voulut *garder la neutralité;* mais les puissances européennes *ne la soutinrent pas.* Elle fut forcée de livrer passage aux armées russes et plus tard de jeter son épée dans la balance. On sait *le beau rôle que joua l'armée roumaine,* et la part qui lui revient dans l'acte final de Plevna. *Elle n'en fut guère récompensée.* Les Russes *exigèrent la rétrocession* de la partie de la *Bessarabie* qui leur avait été enlevée au *traité de Paris.* Comme compensation, la Roumanie acquit *les bouches du Danube* et la *Dobroudja.* De plus, et cela *à l'instigation des plénipotentiaires français au Congrès de Berlin,* ce n'est qu'au prix de la suppression de l'article de la Constitution qui refusait aux Israélites la naturalisation que l'indépendance du pays fut reconnue. Or la *question juive* se présente ici sous un aspect encore plus grave qu'en Allemagne et qu'en Russie. » Ces lignes expliquent assez pourquoi la Roumanie n'a pas une vive sympathie pour la Russie qui lui a ravi une de ses plus belles provinces, en récompense d'avoir sauvé l'armée russe à Plevna, non plus que pour la France qui a décapité la Constitution et l'autonomie roumaines en mettant la Roumanie sous la domination juive.

Voici comment Marga complète l'exposé précédent : « Les Israélites de Roumanie, dont le nombre s'accroît constamment par l'immigration et atteint déjà près de quatre cent mille, ont accaparé comme dans les pays voisins les terres et les richesses, et cela avec d'autant plus de facilité que lors de l'organisation de la société roumaine, il n'existait ni commerce, ni industrie. Fanatiques, exclusifs, vivant entre eux, ils forment pour ainsi dire un Etat dans l'État... » Il est aisé, d'après ce coup d'œil jeté sur le passé, de deviner où seraient les sympathies de l'État roumain dans l'éventualité d'un conflit entre la Russie et la triple alliance. La triple alliance deviendrait vite la quadruple alliance. Pour qui sait la valeur terrible du *qui non est pro me, contra me est* dans la bouche de l'*hêgemôn* de la triple alliance ; pour qui sait la terreur qui étreindra l'âme des petits quand la menace d'*être traités en ennemis* les obligera à signer leur adhésion à la triple alliance, *en vue de la sauvegarde de leurs territoires*, la quadruple alliance sera bien vite la *décuple alliance*, dès que le canon aura tonné. Comprend-on bien pourquoi l'idée du syndicat des pacifiques ralliant à un arbitrage international les différends de ces divers États est une des plus utiles à l'État français?

Si le Souverain Pontife a été choisi par nous comme arbitre désigné, si l'Espagne a été indiquée comme la première nation à inviter à ce syndicat, c'est faute d'avoir trouvé autre chose. Où trouver en Europe ou dans les cinq parties du monde un arbitre aussi autorisé que le Souverain Pontife ? Si la réponse était affirmative, nous ramènerions volontiers à l'une de ces personnes, ou au concert de ces divers personnages, le soin de rendre les jugements pacifiques qui trancheraient plus économiquement que le jugement des armes les différends entre les peuples. Le parti pris n'est pas notre fait. Laissons en blanc le nom du président de cette diète pacifique qui ferait jouir les États adhérents des avantages que procure la paix, placée hors de l'épée des ambitieux, hors de la plume des intrigants à qui la guerre est l'occasion de marchés rémunérateurs, d'émissions avantageuses, de coups de bourse donnant en quelques heures la fortune qui échappe à trente années d'honnête labeur.

Il existe un ouvrage petit par le volume, original par les conceptions qu'il révèle. Ecrit en français par un Russe, cet ouvrage jette cette considération, à la fin de sa préface : « L'idée d'une nation n'est pas *ce qu'elle pense d'elle-même dans le temps*, mais ce que Dieu pense sur elle dans l'éternité. » Voilà qui est d'un mystique ! Peut-être ! En tout cas, l'auteur est aussi un homme pratique. Témoin ces lignes qui visent le *Russologue français* cité plus d'une fois dans la présente étude : « M. Anatole Leroy-Beaulieu a donné dans son excellent ouvrage *l'Empire des tzars* un exposé très véridique, très complet et très bien fait de notre état *politique*, social et religieux. » A la page 9 de *l'Idée Russe*, M. Vladimir Soloviev pose ces questions : « Puisque je suis Russe, à laquelle des opinions nationales dois-je sacrifier mes idées subjectives ? A celle de la Russie officielle et officieuse, la *Russie d'aujourd'hui* ? ou bien à celle que professent plusieurs millions de nos vieux croyants, ces vrais représentants de la Russie traditionnelle, de la *Russie du passé*, pour qui notre Eglise et notre état actuel sont l'empire de l'Antechrist ? ou bien encore serait-ce aux nihilistes qu'il faudrait nous adresser, eux qui représentent peut-être *l'avenir de la Russie ?* »

M. Vladimir Soloviev soulève trois questions. Rien qu'à les avoir lues, l'esprit humain se sent en face de QUELQUE CHOSE. Ce n'est pas la vaine phraséologie de ces écrivains russes qui nous font gober d'abominables anecdotes encadrées dans des « petit père » et autres idiotismes qui nous feraient hausser les épaules si nous les entendions dans le train de Bruxelles et qui sont imposés à notre bienveillant engouement par la mode du jour. L'argumentation de M. Vladimir Soloviev est aux antipodes de cette manière philosophique. « Au nom de quoi pouvons-nous entrer à Constantinople ? Que pouvons-nous y apporter sinon L'IDÉE PAIENNE DE L'ÉTAT ABSOLU, les principes du *césaro-papisme* que nous avons empruntés aux Grecs et qui ont déjà perdu le Bas-Empire ? » Avec une ironie plus philosophique que toutes les descriptions, M. Vladimir Soloviev continue (page 17): « Il y a dans l'histoire universelle des événements mystérieux, mais il n'y en a pas d'absurdes! » et il explique cette ironie : « Non! ce n'est pas la Russie que nous voyons, la Russie infidèle à ses meilleurs souvenirs, la Russie possédée par un

NATIONALISME AVEUGLE et un *obscurantisme effréné*, ce n'est pas elle qui pourra jamais s'emparer de la seconde Rome et terminer la fatale question d'Orient. Si par notre faute, cette question ne peut pas être résolue à notre plus grande gloire, ELLE LE SERA A NOTRE PLUS GRANDE HUMILIATION. »

En conseillant à la Russie de renoncer à sa politique actuelle, en l'invitant à donner son adhésion au syndicat pacifique dont nous indiquons l'avantage aux hommes d'État de la France et de l'Espagne, ce livre est d'accord avec *l'Idée Russe*, car quelle est l'institution humaine qui vaut plus que l'arbitrage international pour réaliser le *desideratum* de M. Soloviev? (Page 21.) « La vérité chrétienne affirme l'existence permanente des NATIONS et les droits de la *nationalité*, tout en condamnant le NATIONALISME qui est, pour un peuple, *ce que l'égoïsme est pour l'individu*, le mauvais principe qui tend à isoler l'être particulier en transformant la différence en division et la division en antagonisme. » En conviant la Russie à ce syndicat, en lui conseillant de réfléchir aux inconvénients d'un conflit armé contre la triple alliance, c'est aux idées de M. Vladimir Soloviev qu'il est donné satisfaction ; c'est à un Russe des plus réputés parmi ceux qui ont médité sur la Russie que nous laissons la parole. Ivan Aksakov, l'un des chefs les plus éminents du « parti russe », un orthodoxe zélé, un ennemi déclaré de la papauté, a laissé des témoignages curieux sur l'état lamentable de la Russie au point de vue qui préoccupe M. Vladimir Soloviev et qui fait l'objet du présent livre. « Supprimer par la PRISON la soif spirituelle *quand on n'a rien pour la satisfaire,* répondre par la PRISON au besoin sincère de la foi, aux questions de la pensée religieuse qui s'éveille ; *prouver par la prison la vérité de l'orthodoxie*, c'est saper par la base toute notre religion et rendre les armes au protestantisme victorieux. »

Cette cruelle appréciation des procédés pratiqués encore en 1889 par l'orthodoxie officielle est empruntée au tome IV (page 84) des Œuvres complètes d'Ivan Aksakov. Mais cela sort de votre étude des forces militaires de la Russie ! dira un censeur morose. Non ! parce que la valeur morale du soldat est un élément des *forces militaires* d'un empire. Défiez-vous du fanatisme tant vanté du soldat russe *pour Dieu, pour la Russie, pour le Tzar*. Le fanatisme qui a pour mobile *la peur de la prison !* prenez-y garde ! C'est avec ce genre d'enthousiasme que se perdent les empires. A ce point de vue, Ivan Aksakov était utile à citer. Le cri arraché par la bonne foi à un slavophile passionné était des plus précieux à enregistrer.

Vladimir Soloviev a écrit une page remarquable qui mérite d'être citée ici : « Le peuple russe a un frère qui a des griefs profonds contre lui, et *il nous faut faire la paix avec ce peuple frère et ennemi* pour commencer le sacrifice de notre égoïsme national sur l'autel de l'Eglise universelle. *Ce n'est pas là une affaire de sentiment*, quoique le sentiment aussi devrait avoir sa place dans tous les rapports humains. Mais entre une politique sentimentale et une politique d'égoïsme et de violence, il y a un moyen terme : LA POLITIQUE DE L'OBLIGATION MORALE OU DE LA JUSTICE. Je ne veux pas examiner ici les prétentions des Polonais à la restauration de leur ancien royaume, ni les objections que les Russes leur peuvent opposer à bon droit. Il ne s'agit pas de plans problématiques à réaliser, mais d'une INIQUITÉ MANIFESTE ET INCONTESTABLE à laquelle il nous faut renoncer dans tous les cas. J'entends le *système odieux de russification*, qui n'a plus affaire à l'autonomie politique, mais qui s'attaque à l'existence nationale, à l'âme même du peuple polonais. Russifier la Pologne, cela veut dire TUER UNE NATION *qui a une conscience très développée de soi-même* et nous a devancés dans sa culture intellectuelle, et qui, encore, ne nous cède pas en activité scientifique et littéraire... »

Nous avons étalé les deux solutions du gros problème posé à la Russie comme à la France par la consolidation de la triple alliance. Ou la guerre! alors, pour la Russie, pas une minute d'hésitation! Évacuer immédiatement la Pologne et commencer une série de campagnes dont les souffrances useront lentement les millions de soldats austro-allemands, leur enlèveront hiver par hiver une particule de leur supériorité numérique, et permettront aux Russes d'espérer la victoire finale. Ou l'adhésion aux idées de désintéressement, aux sentiments de paix! alors, c'est sous une forme ou sous une autre la reconnaissance d'un pouvoir d'arbitrage international, d'une autorité bénie pour les bienfaits de la paix qu'elle dispensera aux peuples en échange de ce terrible droit de paix et de guerre abdiqué entre les mains de l'arbitre.

Que la Russie choisisse! Que la France choisisse aussi! Encore une adjuration de Soloviev : elle a un accent enflammé qui rappelle les prophéties de l'Ancien Testament (page 34). « On ne peut pas impunément inscrire sur son étendard la liberté des peuples slaves et autres, *tout en ôtant la liberté nationale aux Polonais, la liberté religieuse aux uniates et aux dissidents russes, les droits civils aux juifs. Ce n'est pas dans cet état, la bouche muette, les yeux bandés, l'âme déchirée par des contradictions et des remords, que la Russie doit aller à son œuvre historique! Nous avons eu déjà deux graves leçons,* DEUX AVERTISSEMENTS SÉVÈRES; *à Sébastopol premièrement; et puis dans des circonstances plus significatives encore : à Berlin. Il ne faut pas attendre le troisième avertissement* QUI SERAIT PEUT-ÊTRE LE DERNIER. » On peut rapprocher cet avis de la démonstration militaire ébauchée au début de ce livre. Cinq cent mille Russes pris en Pologne par l'armée austro-allemande trois semaines après l'ouverture des hostilités ! Ce que serait la Russie après ce *dernier avertissement,* ce serait à la triple alliance et à son *hêgemôn* de le prononcer.

Si l'*hégemôn* prononçait que l'Etat Russe a cessé d'exister, d'où s'élèverait une voix pour contredire ce jugement de la force ?

C'est le sort des armes. Avant de faire appel aux armes, ce dernier vestige du *jugement de Dieu*, il faut que le peuple se sente la conscience tranquille. Autrement, il n'a rien à attendre, s'il plaît à son adversaire d'être cruel. Il appartient corps et âme à son adversaire comme la vie du gladiateur appartenait à son antagoniste, comme la vie du vaincu appartenait au vainqueur dans les duels du moyen âge.

Ce n'est qu'à bon escient que les peuples doivent faire appel au jugement de Dieu. Ils doivent auparavant interroger leur conscience : que la France fasse ainsi avant de jeter le cri de guerre à la triple alliance et de courir les risques terribles « *du glaive qui coupe bras et jambes* » : on n'a jamais trop réfléchi avant de courir à de pareilles extrémités ! Avant de s'y engager, un coup d'œil à la politique fondée sur la paix, pratiquée par l'arbitrage, est-il de trop? « Les intérêts de l'humanité entière *n'existent pas pour l'Etat* et pour le gouvernement séculier dont les devoirs sont limités à la *fraction du genre humain à laquelle il est préposé.* L'Eglise universelle, tout en gardant au moyen de son ordre sacerdotal unifié dans le Souverain Pontife la religion de la paternité commune, *le grand passé éternel de notre espèce,* n'exclut pas cependant la *diversité actuelle des nations et des Etats.* Seulement l'Eglise ne pourra jamais sanctionner, et en cela elle est l'organe fidèle de la vérité et de la volonté de Dieu, *les divisions et les luttes nationales comme condition définitive de la société humaine.* »

Peut-être trouvera-t-on mystique la forme donnée par Soloviev à cette nouvelle pensée ? En tout cas, que l'on appelle du nom que l'on voudra l'autorité qui donnera la paix aux peuples ! que l'on trouve un autre nom que celui du Pape pour réaliser le *desideratum* que réclament *le commerce et l'industrie* (style de la rue du Sentier)! que l'on invente autre chose pour obtenir le même résultat ! Quelle que soit la forme donnée à la solution, cette solution sera meilleure pour la France et aussi pour la Russie que le *novus rerum ordo* qu'imposera à l'Europe la victoire de la triple alliance. Quant à la défaite de a triple alliance, je ne la vois pas, j'ai peut-être tort. Admettons-la pourtant ! Je ne saisis pas encore bien les avantages que la défaite de la triple alliance procurera *au commerce et à l'industrie.* Il est vrai qu'on peut me reprocher d'avoir de trop mauvais yeux en n'admirant pas les merveilleux tableaux que les montreurs de *Lanterne magique* offrent chaque jour au public français.

Soit ! j'ai de trop mauvais yeux. C'est le reproche qui était à la mode avant août 1870, quand il s'agissait du colonel Stoffel; avant juin 1866, quand il s'agissait du modeste officier qui expliquait avec une parfaite simplicité que l'armée prussienne serait à Francfort, à Hanovre, à Dresde, à Munich, avant que les bataillons de leurs adversaires ne fussent mobilisés ! En tout cas, la solution que nous opposons ici à la guerre, celle de l'arbitrage sensé et sincère, vaut d'être examinée. Il est permis de lui appliquer quelques-uns des termes employés par Soloviev : « Cette solution n'a rien d'exclusif et de particulariste ; elle est un nouvel aspect de l'idée chrétienne elle-même ; pour l'accomplir, il ne faut pas agir *contre* les autres nations, mais avec elles et pour elles. » Peut-on ajouter avec Soloviev? « C'est la grande preuve que cette idée est vraie. Car la *Vérité* n'est que la forme du *Bien* et le *Bien* ne connaît pas d'envie. » Cette formule a un caractère métaphysique. Elle peut étonner l'esprit. Elle a l'avantage d'être nette, précise, originale, de faire saisir la différence de l'idée avec mainte autre opinion n'ayant pas le même lien avec la *vérité*, avec le *bien*.

Cependant l'homme ne comprend pas la vérité et le bien, sinon à travers le voile des expressions auxquelles il est accoutumé : le voile choisi par Soloviev semblera sans doute d'une couleur trop éclatante aux yeux du lecteur. Nous ne tenons pas plus que cela à la couleur et à l'éclat de la phrase. Néanmoins il était bon de produire le témoignage d'un Slave, quand il s'agissait de choses russes, et d'un Slave parfaitement éclairé sur les choses de son pays. L'idée russe est aux antipodes de l'idée française, elle ne s'habille pas à notre mode, ce qui nous la fait paraître ou charmante ou grotesque, selon le côté où nous avons dormi ; Soloviev, est un écrivain digne d'être médité ; Aksakov, dont il a été cité plus haut un important passage, est aussi un écrivain original. Quand Ivan Aksakov mourut le 28 février 1886, ce fut en Russie un deuil national. C'est assez dire le cas que ses compatriotes faisaient de l'écrivain. En Russie, dans le monde qui pense, M. Vladimir Soloviev jouit d'une légitime considération. M. Soloviev est peu connu des lecteurs français, il mérite de l'être.

Si l'on rapproche ses réflexions aussi sincères que cruelles pour le slavisme actuel des cris arrachés par la souffrance aux Polonais, on entend sur la situation des Russes en Pologne la note vraie. « De tous les griefs que nous avons contre la Russie, *celui d'être schismatique* et d'avoir voulu *nous imposer l'apostasie* est le plus impardonnable de tous ; c'est celui qu'elle a inscrit *dans nos cœurs et dans nos consciences* avec les traits les plus ineffaçables ! » C'est à la remarquable étude sur *la Pologne et les Habsbourg* que sont empruntées ces lignes ainsi que les suivantes : « Si la Russie depuis un siècle avait juré de *détruire de ses propres mains les liens si fragiles* qui pourraient exister entre elle et la Pologne, elle n'aurait pu mieux faire qu'en déportant, comme elle l'a fait, les évêques, *en exilant des centaines de prêtres en Sibérie*, en voulant imposer la religion grecque à des enfants nés d'un père catholique, et finalement *en décrétant dans une heure d'aberration capricieuse*, que les catholiques russes, par le seul fait de leur croyance, seraient *privés de l'exercice des droits* accordés dans leur province aux habitants d'une autre confession. » A la Russie de comprendre! Sa défaite — et elle est écrite d'avance — ce sera *la ratification par la force* des droits de la Pologne à être rendue à sa religion, à ses mœurs, à sa langue ! Et cette ratification, est-il un Français qui aurait le cœur assez dur pour ne pas y applaudir? Triste contradiction entre ce que la France croit être son intérêt du moment et les éternelles prescriptions de la vérité ! A la Russie de réfléchir! Se jettera-t-elle dans une lutte inégale ? Sa défaite sera douloureuse pour la France qui se fie avec joie à la toute-puissance des armées russes. Cette défaite sera consolante pour l'Europe, heureuse de voir respirer les pauvres Polonais, libres enfin de pouvoir pratiquer leur religion aux pieds des autels catholiques, aux genoux de la Vierge ! « De toutes les libertés humaines, *celle de la conscience est la plus inaliénable* et les soi-disant libéraux qui veulent détrôner Dieu travaillent de leurs propres mains aux restaurations monarchiques, de même que *les autocrates qui veulent imposer aux peuples une religion toute faite* les jettent dans les bras d'une puissance voisine où ils savent trouver la tolérance, la justice et le respect de leur foi. » *Habent aures et non audiunt!* est-on tenté de s'écrier en lisant les prétentions vaines et folles des panslavistes ! Quels démentis infligent quotidiennement les faits, à ces déclamations sonores et creuses ! Est-il quelque démenti plus éloquent que ce simple épisode ?

« Lorsque la nouvelle du dernier attentat commis contre le czar au Palais d'hiver s'est répandue brusquement en Europe, un même sentiment s'est emparé de tous les esprits. La destinée tragique qui semble poursuivre le souverain absolu de soixante-dix millions d'hommes a inspiré à tous les penseurs la même réflexion. Où donc ce potentat, que de nombreux gardes environnent, que des milliers de Cosaques et d'agents de police entourent en quelque sorte d'un cordon sanitaire, mais qui sent, malgré tout, le sol trembler partout sous ses pas, où donc pourrait-il reposer, ne fût-ce qu'une heure, sa tête en sûreté? » Quelle leçon pour les Polonais! Assister au supplice du tzar, à qui l'idée nihiliste, bourreau impitoyable, fait expier les crimes commis par ses prédécesseurs sur le peuple polonais! « Son palais est miné; les voies ferrées qu'il traverse cachent des tonneaux de dynamite sous leurs rails. Ni à Pétersbourg, ni à Moscou, sa vie n'est à l'abri d'un coup de main. » Cherchez une image plus saisissante pour opposer à l'orgueil d'un colosse la fragilité de ses projets. « Un seul point, dans son immense empire, lui offre un abri sûr, un asile inviolable : c'est la capitale du royaume qu'il a martyrisé, l'ancienne résidence des rois de Pologne; c'est Varsovie. Là, seulement, le nihilisme n'a pas d'adeptes; là, seulement, les idées sauvages et les principes destructeurs de l'Internationale n'ont jamais pénétré. » Des diverses démonstrations de l'excellence de la foi catholique, l'une des plus solides se tire des fruits qu'elle offre aux États qui la pratiquent. L'histoire contemporaine est pleine d'enseignements à cet égard : « Dans tout l'empire russe, il n'y a qu'un point où le tzar n'ait à redouter aucun attentat. C'est le royaume de Pologne. Son pouvoir y est maudit, ses lois y sont détestées; mais sa personne y sera sauvegardée par la loyauté du caractère national. » Pour nous, Français, qui avons le culte du beau et du bien, n'y a-t-il pas, dans cette antithèse saisissante, quelque chose qui sollicite l'admiration, qui sollicite l'imitation ? *Qui habet aures audiat!* « Chacune de nos insurrections a été froidement provoquée par un pouvoir dénué de sagesse, de modération et de bon sens. Si le czar Alexandre n'avait pas modifié, sans motifs plausibles, la constitution libérale de 1815, l'insurrection de 1831 n'aurait pas éclaté. Si, plus tard, les gouverneurs de Varsovie n'avaient pas surexcité la population par un ensemble de mesures arbitraires et vexatoires, celle de 1853 n'aurait pas eu de raison d'être. » Comparez cette page avec les considérations que Pierre Boborikine, le chroniqueur des *Novosti* et du *Messager d'Europe,* a formulées sur une situation semblable. N'oublions pas que les *Novosti* et le *Messager d'Europe* sont les principaux organes du parti libéral russe. « L'Allemagne ne règne à Metz et à Strasbourg que de nom. Seize ans se sont écoulés depuis le jour où l'empire germanique s'est emparé de l'Alsace et de la Lorraine. Le vainqueur s'est ingénié à se faire accepter de la population alsacienne ; il a donné aux provinces conquises tous les privilèges, une admirable université, des théâtres, toutes les faveurs... la population est restée insensible à ces avances. » L'Alsace et la Pologne, détournées l'une et l'autre par la force de ce que les Alsaciens et les Polonais considèrent comme leur droit national, fournissent des points de comparaison instructifs pour les gens qui seraient tentés de regarder les souffrances de la Pologne *comme une quantité négligeable*. Il n'est pas un des arguments qui font battre notre cœur de Français, quand il s'agit des Alsaciens, qui ne puisse être développé à nous faire rompre le cœur, lorsqu'il s'agit des Polonais.

Nul n'est censé ignorer la loi, dit, en médiocre français, un aphorisme administratif. Il est permis de répéter, pour la gouverne des politiciens qui tiennent une plume : *nul ne doit ignorer l'état moral de l'Europe,* les droits violés, la justice méconnue ! Un écrivain français n'a pas le droit d'être égoïste. Faire fi des cris de douleur qui sembleraient injurieux à son invité ou à son amphitryon d'une heure, n'est pas d'un vrai Français ! Que de pareilles pensées puissent être écrites, qu'elles soient vraies ! c'est le plus bel éloge qui sera jamais mérité par l'esprit français : c'est le rare mérite du soldat du droit que de faire fi de ses propres blessures pour consoler autrui. Soloviev a mis en lumière, dans des pages déjà citées ici, « cette nouvelle idolâtrie, cette folie épidémique du *nationalisme,* qui pousse les peuples à adorer leur propre image au lieu de la divinité suprême et universelle. » Ce qu'il écrit de la Russie, ne peut-on le penser de la France, infidèle aujourd'hui à sa mission ? Il existe, sur ce point de vue de la mission d'un peuple et des déviations que lui font subir les caprices, les intérêts, les passions des individus, un témoignage des plus caractéristiques.

Il émane d'un écrivain qui n'est ni un mystique, ni un philosophe de parti pris ; aussi convient-il de s'y arrêter avec attention. Quand il aura été rappelé qu'il s'agit du chancelier d'Allemagne écrivant au comte d'Arnim, et que ces lettres politiques ont vu les faits confirmer pendant quatorze années consécutives les prévisions exprimées par leur auteur, l'intérêt de ces considérations sera bien marqué. Le 23 août 1871, le comte d'Arnim avait été nommé ministre d'Allemagne près la République française, en mission extraordinaire. Le 2 mars 1874, un décret le relevait de cet emploi. Dans cet intervalle, des lettres nombreuses lui furent adressées par le prince de Bismarck ; plusieurs de ces lettres ont été livrées à la publicité. En voici une, datée du 20 décembre 1872, portant la désignation de *dépêche,* et le numéro 271 (Valfrey, *Procès d'Arnim,* pages 76 à 83, *passim*).

« Les choses marcheraient autrement et d'une façon qui ne serait pas non plus désirable pour nous, je le crains, si, avant le paiement de l'indemnité et l'évacuation du territoire français, un des prétendants s'emparait du pouvoir. On nous prierait alors d'une façon amicale de favoriser le développement du jeune germe monarchique en faisant à la Monarchie, au point de vue du paiement et de l'évacuation, *des concessions que nous aurions refusées à la République.* Nous pourrions, il est vrai, refuser d'agir ainsi ; mais je craindrais que d'autres Cabinets, et notamment des Cabinets qui nous sont sympathiques, ne nous recommandassent d'une manière plus ou moins pressante d'avoir des égards pour l'élément monarchique en France. Bien que l'on soit *trop intelligent* à Londres, à Saint-Pétersbourg et à Vienne pour croire qu'une France monarchique soit moins dangereuse pour nous que la domination des partis républicains dans ce pays, on aurait trop intérêt à faire semblant de le croire, afin d'obtenir des avantages dans un autre sens, pour ne pas nous faire ressentir, sous ce prétexte, le désagrément que causent notre situation actuelle et le transfert des milliards de la France en Allemagne, transfert incommode pour tout le monde, excepté pour nous. » Avec quel art du *nationalisme* le chancelier allemand suit sa thèse !

Avec quel égoïsme il joue son rôle politique ! « Il en *résulterait bientôt un groupement des Etats européens très gênant pour nous*, lequel commencerait par exercer sur nous une *pression amicale, pour nous faire renoncer à une partie des avantages que nous avons acquis*. Il est possible qu'il se produise plus tard, sans cela, des phénomènes analogues ; mais nous n'avons certainement pas pour *devoir de rendre la France puissante en consolidant sa situation intérieure et en y établissant une monarchie en règle, ni de rendre la France capable de conclure des alliances avec les puissances qui ont jusqu'à présent avec nous des relations d'amitié.* » Voilà clairement indiqué un des points de vue les plus essentiels de la mission d'un peuple.

Lui barrer ses alliances, c'est interrompre son évolution pacifique, c'est le tenir isolé pour les périls toujours menaçant les peuples comme les individus. « L'inimitié de la France nous oblige de *désirer qu'elle reste faible* et nous agissons d'une manière très désintéressée quand nous ne nous opposons pas avec résolution et *par la force à l'établissement d'institutions monarchiques solides*, tant que le traité de Francfort n'aura pas été complètement exécuté. Mais si notre politique extérieure contribuait sciemment à renforcer par l'union intérieure l'ennemi du côté duquel nous devons redouter la prochaine guerre, et à le rendre capable de conclure des alliances en lui fournissant une monarchie, on ne saurait cacher trop soigneusement les actes accomplis dans ce sens, car ils causeraient dans toute l'Allemagne un mécontentement juste et profond et exposeraient peut-être *à des poursuites de la part de la justice criminelle le ministre responsable qui aurait suivi une politique si contraire aux intérêts de son pays.* »

L'art de faire manquer un peuple à sa mission providentielle peut-il être exposé avec plus de méthode et de force? Quelle perfection atteint ce que Soloviev nomme le *nationalisme.* « Je suis persuadé qu'aucun Français ne songerait jamais à nous aider à reconquérir les bienfaits d'une Monarchie si Dieu faisait peser sur nous les misères d'une anarchie républicaine. C'est une qualité éminemment allemande que de montrer une pareille bienveillance pour le sort d'un voisin ennemi. Si la France jouait devant l'Europe un *nouvel acte du drame interrompu de la Commune,* ce que, dans un intérêt d'humanité, je ne veux pas désirer, cela ne ferait que placer en plus grande lumière les bienfaits d'une constitution monarchique et que fortifier en Allemagne l'attachement à la monarchie. » Bref, le chancelier allemand ressuscite l'*ilotisme* antique pour l'éducation de la jeunesse allemande !

Et ce qui suit ! « Nous avons besoin *que la France nous laisse en repos;* si elle ne veut pas rester en paix avec nous, nous devons *empêcher qu'elle trouve* des alliés. Tant qu'elle n'aura pas d'alliés, la France n'est pas à craindre pour nous, et tant que les grandes Monarchies de l'Europe resteront d'accord, aucune République n'est redoutable pour elles. Or, une République Française trouvera très difficilement comme allié contre nous un gouvernement monarchique. Cette conviction me met dans l'impossibilité de conseiller à Sa Majesté *de réveiller en France le droit monarchique* qui, de plus, impliquerait un progrès de l'élément ultramontain, hostile à notre politique. » Ces instructions pratiques fondées sur des considérations d'ordre purement politique montrent combien est importante aux yeux des hommes d'Etat dignes de gouverner un peuple, la connaissance de la *mission d'un peuple* et l'art de *vaincre les obstacles* suscités à l'accomplissement de cette mission !

Libre au lecteur de tirer tel ou tel corollaire de la pensée d'un homme qui, bien que *non Français,* sait mieux que les plus éclairés des Français ce qui manque à la France. Du reste, « en politique, il n'est jamais possible de donner des preuves mathématiques. Ce qui décide en définitive, c'est la confiance que l'on accorde au jugement de l'un ou de l'autre... » Suivant l'autorité du personnage varie l'importance de son dire. Cette considération est extraite précisément d'une lettre du prince de Bismarck adressée le 14 avril 1873 à l'empereur d'Allemagne. Si l'on ajoute créance à la perspicacité du chancelier allemand qui paraît avoir pratiqué avec succès la maxime *Nosce hostem*, on est fondé à regarder la France comme sortie depuis dix-neuf ans... et plus, du chemin que la Providence lui avait marqué pour faire de grandes choses.

Faute d'avoir aperçu clairement les jalons qui pouvaient mener la France à un avenir aussi glorieux que l'a été son passé monarchique, les gouvernements de la France depuis 1870 paraissent avoir suivi un chemin qui longe les précipices. Si près de ces précipices, une secousse trop violente, une attaque de nerfs ou une syncope, sont bien dangereux ! On l'a clairement vu lors de la nouvelle de l'échec de Lang-Son !

Après le texte authentique des instructions du prince de Bismarck au comte d'Arnim, voici, d'après la *Gazette du Midi* du 7 septembre 1889, un autre extrait de ces instructions. Nous en avons vainement cherché le texte dans le *Procès d'Arnim*, publié par MM. Figurey et Corbier en 1875, ainsi que dans la brochure *Pro Nihilo*. La *Gazette du Midi* a-t-elle eu entre les mains des documents inédits (ou du moins inédits pour nous) sur ce sujet? La *Gazette du Midi* a-t-elle essayé un pastiche de la manière du prince de Bismarck? Nous ne pouvons que poser la question sans la résoudre. Tant est-il que si ces instructions sont un *pastiche*, ce pastiche est si près de certains traits originaux du Chancelier de fer qu'il vaut d'être reproduit ici. *Si non è vero, è bene trovato!*

Sous cette réserve, voilà les instructions publiées par la *Gazette du Midi*, comme écrites en 1871, par le fameux homme d'État allemand : « Les monarchistes sont impopulaires précisément à cause de leurs qualités. Conservateurs et cléricaux ont beau être, en France, les plus éclairés, les plus honnêtes, les plus patriotes, ils sont opposés aux idées anti-sociales et anti-religieuses qui ont fait tant de dupes et de criminels. Ils luttent à peu près seuls contre le courant qui entraîne la France vers l'anarchie et le paganisme. C'est assez pour qu'ils soient en butte à la haine et à la calomnie, non seulement de la populace, qui est une bête idiote et féroce, mais de la bourgeoisie, qui a l'esprit fermé à toutes les questions élevées de politique ou de religion. Elle ne lit que les déclarations d'un journalisme inventé pour la seriner. Exploitez cet état de choses. Faites souvent parler, dans vos journaux, du danger de la réaction, des crimes de l'absolutisme, des horreurs de la féodalité, de l'infâme droit du seigneur, de la dîme, des corvées, de l'Inquisition, comme si tout cela avait réellement existé ou pouvait revenir.

Faites peur des empiétements et des captations du clergé. Dites qu'avec les conservateurs la religion serait non seulement protégée mais imposée, que chacun serait forcé d'aller à la messe et même à confesse. Ces déclarations et ces balivernes ne manquent jamais leur effet auprès des masses ignorantes et imbéciles, auxquelles le suffrage universel a remis le sort de la France. Entretenez la peur de l'épouvantail royaliste et clérical, en faisant propager les calomnies et les préjugés qui ont fait naître cette peur. » Si quelque chose nous surprend dans ces phrases prêtées par la *Gazette du Midi* à M. de Bismarck, c'est précisément leur adaptation par trop exacte aux faits accomplis depuis dix-huit ans.

La suite est encore plus frappante d'à-propos. « Les gens intelligents savent que l'ancien régime, en supposant vrai ce qu'on en dit de faux, n'a rien produit de comparable aux convulsions de la France depuis 1789, aux massacres de 1793, aux journées de juin 1848, aux pillages, aux assassinats, aux incendies de la Commune en 1871. Mais le peuple a ses journaux qui lui persuadent que cela est du progrès. Il restera entiché des idées républicaines comme nous le désirons. Il en sera de même des bons bourgeois. En voyant flamber la maison du voisin, ils prennent bien peur pour la leur, ils se disent bien sur le moment qu'il n'y a jamais de conservateurs, ni de cléricaux parmi les incendiaires et les révolutionnaires, ni parmi ceux qui les produisent ou les excusent; que les principes religieux sont la meilleure garantie de l'ordre et de la probité. Mais l'esprit d'opposition inné en France, et le fanatisme anti-religieux sont si forts, qu'une fois le danger passé, ils continuent à se défier des victimes et à voter pour les coupables. Ils resteront nos auxiliaires en envoyant éternellement des Clémenceau aux assemblées nationales, des Ranc et des Mottu aux conseils généraux. Gambetta, l'ami des Delescluze, des Millière, des Raoul Rigault, l'ami des incendiaires et des assassins qu'il n'a jamais désavoués, sera avant peu président de la République française. Et vous voulez, mon cher ami, que je redoute dans l'avenir une revanche de la France? Tranquillisez-vous: cette nation est condamnée à mort. Elle aura ce qu'elle mérite, c'est-à-dire la dictature alternant avec la Commune; le despotisme alternant avec le pétrole. » Voilà une singulière allusion à l'alternative des élections de 1885 et de 1889!

L'évolution de 1871 à 1889 est indiquée dans son ensemble avec beaucoup d'exactitude. « Donc la République française, malgré sa belle devise sur les murs, dès qu'elle ne sera plus entre les mains des conservateurs, qui la font vivre provisoirement, tombera d'abord entre les mains des intrigants et des incapables jusqu'à ce qu'elle retombe entre les mains des criminels d'où elle sort à peine. C'est inévitable. Quand une nation n'a plus le frein de la religion et des mœurs, quand le frein de la force est le seul qui la contienne, tout est possible, même l'avènement d'un demi-million d'Erostrates, du jour où la force tombe entre leurs mains comme au 18 mars. On nous reprochait en Allemagne, l'hiver dernier, de ne pas détruire Paris par un bombardement ; laissons faire cette besogne aux Parisiens, ils s'y entendent merveilleusement, et cela, parce que la France reniant son passé glorieux, livrée aux bavards et aux casse-cou, aura cessé d'être française pour devenir républicaine. Réjouissons-nous-en. Nous avons pris définitivement sa place dans les destinées du monde. Elle ne pourra plus s'opposer aux progrès de l'Allemagne. Elle voulait nous arrêter à la ligne du Mein ; elle ne nous empêchera pas de nous étendre des Vosges aux Karpathes, de Kiel à Trieste et même à La Haye, à cheval sur la Baltique, la mer du Nord et l'Adriatique. L'empire d'Allemagne, avec Berlin pour capitale, que Thiers redoutait, est fondé. Le pangermanisme est proche, grâce à l'impuissance de la France républicaine. Donc : Vive la République en France ! Tel doit être le cri d'un bon Prussien. » N'entend-on pas après chacune des phrases de cette lettre ou prétendue lettre comme un écho des pronostics formulés par M. Vladimir Soloviev sur l'avenir de la Russie ?

Ne semble-t-il pas que la France et la

Russie cheminent l'une et l'autre au bord des abîmes ? Chose curieuse ! France et Russie chantent et s'amusent, fanfaronnent et bravent comme si elles ne s'en doutaient pas, comme si les chants et l'ivresse, les vantardises et les défis étaient sans péril ! Il est permis à qui réfléchit d'aviser les gais chanteurs et les incorrigibles joueurs que la situation est très grave. France et Russie n'ont plus une seule faute à commettre ! Pour éviter l'occasion d'en commettre une, force est de faire un retour sur sa politique, force est de tenter l'instauration, ou, si l'on préfère, la restauration d'un tribunal vraiment pacifique écartant du chemin suivi par les peuples les différends et les querelles.

Quand même Russie et France persisteraient à penser qu'une guerre suprême est encore nécessaire pour reconquérir une part d'elles-mêmes, à elles ravie par la force, que la Russie et la France comprennent que l'heure n'est pas propice. Qu'elles remettent ce règlement par les armes à une époque où ce règlement ne tournerait pas à leur ruine. Nous aussi, nous estimons que la guerre éclatant avant 1891 entre Russie et France d'une part, la triple alliance de l'autre, pourra bien être la *dernière* guerre. Mais nous l'entendons dans un tout autre sens que certains Français. Nous y voyons la résurrection du *Saint-Empire Romain* avec des souverains vassaux de l'Empereur, pourvus du gouvernement dans ce qui subsistera des provinces françaises et des provinces russes. En réalité, la triple alliance c'est la vassalité de l'empereur d'Autriche et du roi d'Italie, vassalité volontaire, mais enfin soumission à l'*hégemôn*.

Cette soumission est un symptôme du besoin de paix ou tout au moins de la soif de sécurité qui fait abdiquer par deux souverains le droit de paix et le droit de guerre entre les mains de l'arbitre de la guerre, entre les mains du dispensateur souverain de la force. Après la guerre de 1890, cette vassalité sera réelle; elle deviendra permanente et il ne sera pas plus au pouvoir des vassaux d'en rompre les liens qu'il ne fut au pouvoir du roi de Bavière de ne pas abdiquer les plus essentiels de ses pouvoirs aux mains du nouvel empereur d'Allemagne, aux mains du chef de guerre de Janvier 1871 !

Quant aux vaincus, ce n'est qu'au prix de cette vassalité volontaire que leur autonomie administrative leur sera gardée, quand le jugement des armes les aura livrés aux fers du vainqueur, quand la générosité du vainqueur sera la seule charte de leur administration, de leurs libertés, de leurs propriétés. Les Français paraissent ignorer ce qu'est la *loi de la guerre :* il faut le leur rappeler. La guérre comme la faisait Bonaparte, ce héros admiré de Thiers, c'était le vaincu appartenant corps et biens au vainqueur. C'est de la magnanimité de ce dernier que dépendait le plus ou moins *de vie et d'or* laissés à l'imprudent qui avait provoqué la foudre! Pour prouver l'ignorance proverbiale de nos concitoyens sur ce point capital du DROIT DU PLUS FORT, lorsque les hostilités ont été ouvertes conformément aux règles DU DROIT DES GENS, il suffira de citer une lettre toute récente.

Elle émane sans doute d'un fort bon Français, justement ému de ce qu'il considère comme une iniquité. Elle a été publiée par le journal qui fait la lecture de l'élite des industriels et des commerçants français. Ce journal a eu la sagesse de la publier sans observation. C'est quelque chose. Ce journal aurait fait sagement, pour la renommée du *bon sens* français, de ne pas la publier du tout. Cette lettre montre en effet que son auteur ignore l'A B C du droit des gens. Ce susceptible correspondant considère comme une injustice (*morale*, s'entend) l'application des mesures les plus élémentaires de sécurité qu'un Etat doit observer quand il veut être digne de vivre. En voulant exciter l'indignation contre ses *tourmenteurs*, contre ses *interrogateurs*, le correspondant a prouvé seulement cette ignorance profonde de ce qu'est la guerre, des mesures de précaution qu'elle exige pendant qu'elle est dénoncée et aussi avant qu'elle soit dénoncée. Il y aurait de la naïveté à insister sur ce cas, s'il ne s'étendait évidemment au journal très important qui a publié cette lettre sans commentaires et à un certain nombre de journaux parisiens qui ont saisi aux cheveux l'occasion de publier cette lettre, et qui eux l'ont fait suivre de commentaires abondant vivement dans le sens de l'auteur de la plainte :

« *Saint-Gervais-les-Bains* (Haute-Savoie), *1ᵉʳ septembre.* Il y a quelques semaines M. Hector Malot a raconté dans le *Temps* les vexations auxquelles l'avaient soumis les gendarmes et douaniers italiens, lorsqu'il traversait le mont Genèvre. Permettez-moi de vous signaler un fait du même genre. Désirant me rendre par les voies les plus rapides de Briançon à Albertville, je traversais mercredi dernier, 28 août, le col de l'Echelle, qui en quelques heures de marche conduit de la haute vallée de la Durance à Bardonnèche (entrée orientale du tunnel du mont Cenis). Arrivé sur le versant italien du col, un carabinier m'arrête en me demandant mon passeport. Aux yeux de ce soupçonneux gendarme, ma carte d'exposant e ma carte d'admission au tarif réduit pour la correspondance télégraphique de la presse n'établissent pas mon identité. Il est persuadé que je suis officier français et ne paraît guère disposé à me laisser passer. — Que venez-vous faire ici? me demande-t-il; pourquoi n'avez-vous pas passé le mont Genèvre? — Je lui explique que, pour aller prendre le chemin de fer du mont Cenis et rentrer par cette voie en France, le col de l'Echelle est plus court que le Genèvre. Rien n'y fait, l'homme tient à son idée. Je suis un officier français déguisé. L'offre de me laisser conduire sous escorte à la gare et de télégraphier à plusieurs naturalistes italiens qui pourraient calmer ses craintes le décida seul à me permettre de continuer ma route non sans avoir subi un long interrogatoire dont je vous fais grâce. » Comment l'auteur de la lettre ne s'aperçoit-il pas qu'il fait le plus bel éloge de la bienveillance de ce carabinier qui se contente d'une probabilité bien modeste pour le laisser reprendre sa route ! « Au départ du train, trois carabiniers vinrent s'assurer que je repartais effectivement pour la France. Une heure après cette rencontre, j'arrivais à Bardonnèche. Les murs de la salle de l'auberge où je me reposai étaient ornés de gravures représentant les principaux épisodes de la campagne de 1859. Quelle ironie! Quelques jours auparavant, un voyageur français venu à Bardonnèche en promenade, a dû, sur l'injonction de la gendarmerie italienne, prendre le train suivant pour rentrer en France. Tous les cols des Alpes sont gardés par des gendarmes italiens, et ces policiers vigilants ne laissent passer aucun voyageur français sans le soumettre à un interrogatoire. S'ils ne vous interdisent pas l'accès de l'Italie, on doit s'estimer très heureux. » Et ce dernier trait, si spirituel qu'il semble, n'est-il pas pour diminuer la portée des réclamations légitimes de nos malheureux Alsaciens-Lorrains ! « Le régime du passeport doit être considéré comme établi par le gouvernement de Rome à l'égard des Français. Les voyageurs qui désirent ne pas être exposés aux tracasseries agiront donc sagement en renonçant actuellement à toute excursion en Italie. »

Pour nous, nous admettons que cette naïve ignorance des règles de la *police des frontières fortifiées* montre surtout que le sentiment français est trop éloigné de la guerre pour y réfléchir sérieusement. Mais ce n'est pas cela qui frappe l'étranger quand il trouve dans la presse parisienne de pareilles lettres. L'étranger y voit ou de l'ignorance, ou du parti pris, ou le désir de faire du bruit. Il résulte de ce document que son auteur est « exposant », qu'il est « journaliste », qu'il est « en relations avec des naturalistes italiens ». Autant de motifs aux yeux de l'étranger pour remarquer : « Quels insupportables tapageurs que ces Français ! Pourquoi sottement mêler les gravures des combats de 1859 à la déconvenue d'un touriste qui ne peut même pas citer une parole inconvenante du carabinier, parole mal courtoise comme les gens de l'octroi en ont chaque matin pour tout voyageur débarquant à la gare de l'Ouest, sa valise à la main? Quand on a le caractère aussi susceptible, on cherche des coléoptères ou des sujets d'article sur les versants soumis à la gendarmerie française! » Un journal anglais a publié les réflexions que nous résumions ici. Quel dommage que nos concitoyens aient la langue trop longue et trouvent si aisément un complice dans la presse parisienne, lorsqu'un événement aussi banal coupe leur journée d'excursion !

La situation est très grave. Une légère imprudence peut provoquer l'étincelle qui mettra le feu aux poudres. Si on aime mieux, la plus minime impulsion de mauvaise humeur peut provoquer le minuscule mouvement d'index qui fera partir la première balle à l'une de nos frontières.

Que les naturalistes, que les exposants, que les journalistes évitent toute responsabilité dans les petites causes qui amèneront ce très grave mouvement d'index ! Si l'on objectait à ce vœu qu'il est la négation de la liberté individuelle, nous répondrions qu'il faut savoir faire des sacrifices. Ce qu'un industriel et un commerçant savent faire quand il s'agit de leurs intérêts, la France hésiterait à le faire quand il s'agit d'une collision effroyable!

Dût la France sortir de cette collision grandie, victorieuse, ce n'est pas par de ridicules polémiques de presse qu'il convient de préparer cette collision. Faisons sérieusement les choses sérieuses. L'Europe est à la veille de l'établissement d'un ordre nouveau fondé sur des liens plus étroits entre les divers États qui la composent. La raison de cet ordre nouveau est précisément équivalente au besoin de paix qui se manifeste chez le producteur, à quelque nationalité, à quelque Etat qu'il appartienne! Cet ordre nouveau mettra l'Europe en mesure de soutenir la lutte économique, la lutte pour la vie, la concurrence de production avec l'Amérique. Quel sera cet ordre nouveau? L'hégémonie de l'empereur d'Allemagne sur l'Europe constituée en grands empires et en grands royaumes vassaux? Ces grands vassaux ayant eux-mêmes sous leur juridiction suzeraine, sous leur hégémonie, un certain nombre de petits Etats et de petits royaumes? La triple alliance professe implicitement cette hégémonie de l'empereur d'Allemagne. Cet embryon d'hégémonie est actuellement limité à deux grands vassaux, Empire d'Autriche, Royaume d'Italie. Quels sont les petits vassaux que la victoire de la Triple alliance mettrait dans l'orbite de ses deux grands vassaux? Examinez la carte d'Europe! Regardez tout ce qui est en dehors de l'hégémonie actuelle; il y a là matière à ces petits vassaux. L'*hègemôn* prononcera sur leur compte en dernier ressort, de concert avec ses alliés l'empereur d'Autriche et le roi d'Italie. Sans doute de gros lots territoriaux seront l'apanage des nouveaux grands vassaux de l'Empereur d'Allemagne. La Pologne et la France ne seront pas accordées par l'Empereur d'Allemagne exclusivement à l'influence autrichienne ou à l'influence italienne. Il y aura une confédération Européenne fondée sur le besoin de la paix, fondée aussi sur la prépotence militaire de l'Allemagne, seule autorisée à promettre la paix.

Voilà une forme de l'ordre nouveau, le type que produira fatalement la guerre entreprise actuellement contre la Triple alliance. L'autre forme, celle qui veut immédiatement la paix, celle qui s'évanouirait comme une ombre si le soleil de la guerre se levait aujourd'hui sur l'Europe, c'est la ligue nouée entre la France, l'Espagne, le Portugal, la Belgique, la Suisse, la Grèce, sous la présidence du Souverain Pontife : c'est l'arbitrage des querelles internationales en vue de la paix. En combien d'années cette ligue pourra-t-elle devenir une réalité? En combien d'années pourra-t-elle conquérir une vitalité suffisant à faire figure? Fragiles pronostics qu'un vent de guerre enlèverait comme une poussière ténue! c'est à peine si nous osons rien affirmer.

Quoi qu'il en soit de ce concert, il est encore viable à l'heure où sont écrites ces lignes. Il suffit aux Français qui dirigent l'opinion de faire le sacrifice des sentiments de haine qui forment le lieu commun de la politique actuelle, tout au moins de la politique à la mode dans le milieu des *politiciens* qui agitent l'opinion et provoquent les manifestations populaires. Quand il sera trop tard, quand la presse des politiciens aura provoqué l'enthousiasme d'un million de bouches couvrant boulevards et carrefours, en criant: « A Berlin! » les dés seront jetés. Ce sera au canon et à la baïonnette de faire les lots des vainqueurs. Quant aux vaincus, comprendront-ils que l'axiome « *La force prime le droit* » a présidé à la destruction de tous les empires aussi bien qu'à leur construction?

Le mot « force » est synonyme de prudence, de sagesse, d'esprit de sacrifice. Comment l'homme qui ne peut sacrifier un sentiment de haine serait-il capable de sacrifier sa vie? « Mais il y a *haine* et *haine*, il y a des haines sacrées! il y a des haines qui honorent un peuple! Mieux vaut périr que sacrifier ces haines! » Soit, je félicite les philosophes qui formulent d'aussi beaux principes. Quand on est si ferré sur le culte de la haine; quand on pèse si minutieusement ce que vaut chaque haine; quand dans l'autre plateau de la balance on y met ce qui fut la France et ce qu'elle est, on a le droit d'être fier. La haine est un sentiment vil; c'est le sentiment de l'être qui ne mérite pas la liberté. Encourager la haine, c'est pervertir la parole, le don de Dieu fait pour l'amour. Le devoir consiste à vaincre les instincts de haine qui s'agitent au fond de la bête humaine. C'est par la rivalité *à faire le bien* que l'on se montre victorieux de l'adversaire qui, dans un combat loyal amené par des passions mauvaises, a remporté le prix. Les sœurs de la Charité, les humbles missionnaires qui font bénir le nom français en Afrique, en Asie, en Océanie et qui y meurent en martyrs, ont plus fait pour la France que tous les *semeurs de haine;* ils ont plus fait pour l'honneur de la conscience humaine que nos plus vaillants soldats, que les plus vaillants soldats de l'Allemagne.

Demandez à ces sœurs de la Charité, demandez à ces missionnaires ce qu'il faut haïr? Ils diront qu'il faut haïr les basses passions qui ravalent un Français à l'égal du Papou ou du Hottentot. Ils diront qu'il faut haïr l'ennemi dans le combat tant que le péril de la vie justifie la haine. La haine est une concession à l'instinct de conservation. Alors seulement elle est légitime. Cultiver la haine dix-huit années, comme si le combat durait encore, comme si l'instinct de conservation était encore en jeu ! C'est une folie ! C'est une folie qui fait le jeu de l'objet de cette haine, quand cet ennemi avec sa finesse et sa propre haine, ricochet de votre haine, parvient à faire de cette folie le pivot d'un ordre de choses nouveau, le pivot de la triple alliance qui consacrera pour un siècle la paix entre les États européens. Cette folie, c'est grâce à elle que l'Allemagne a fait entrer l'Italie dans la Triple Alliance ! Il a suffi de ces trois mots : « La France veut la guerre, elle l'aura ! associez-vous avec moi pour diminuer mes risques, nous partagerons les bénéfices ! » Cette folie, il est temps de ne plus l'afficher. Quand un figuier produit d'aussi beaux fruits, il n'est que temps de l'arracher.

Puisse la presse française le comprendre ! Puisse-t-elle méditer ce que le politique allemand répondait naguère à un prince étranger qui lui parlait amicalement de la restitution de l'Alsace-Lorraine à la France : « Le peuple français avait l'Alsace et la Lorraine en 1870. Cela a-t-il empêché qu'il ait crié : *A Berlin !* » Si l'Alsace-Lorraine doit être restituée à la France, il est bien douteux que ce puisse être par la force des armes, au moyen d'une guerre engagée actuellement contre la Triple Alliance.

Ce moyen enlevé, comment la restitution se fera-t-elle ou, tout simplement, cette restitution se fera-t-elle ? Bien malin qui saurait répondre à tout ! En quoi cette restitution sera-t-elle essentielle aux Alsaciens-Lorrains au jour prochain où le désarmement général les libérera de l'obligation militaire dans l'armée allemande, la plus vexatoire des mesures auxquelles les ait soumis la triste guerre de 1870? Le désarmement général est proche, soit que la guerre le rende inévitable en remettant les Etats européens sous la puissance de rois, vassaux ou feudataires de l'Empereur d'Allemagne ; soit que la paix sincèrement voulue par la France et par les divers peuples qui reconnaissent encore l'influence française fasse fleurir les rameaux d'une ligue pacifique, fondée sur l'arbitrage par un Conseil des nations présidé par le délégué du Souverain Pontife.

Quel que soit celui des deux moyens que choisiront les passions humaines pour arriver au carrefour fatal ; que ce soit en gravissant le court et rude sentier de la guerre coupé par des torrents de sang, que ce soit par une route plus douce et plus longue à travers les sinuosités diplomatiques, le jour est proche où les peuples d'Europe se soumettront à un pouvoir dépositaire souverain du droit de paix et de guerre. Lequel des deux chemins, sentier ou route, sera choisi par l'Europe pour réaliser cette évolution ? C'est aux guides des peuples qu'en appartient la responsabilité. Le sentier de la guerre est bordé de jolis feuillages de laurier; on y fait de beaux rêves; on y goûte une ivresse dont les délices sont sans pareilles à nos imaginations de Gaulois, amoureuses de nouveau et d'imprévu, éprises du jeu et de ses plus démoralisantes alternatives. La route pacifique est banale; elle est dépourvue d'ombrages; elle n'offre guère d'imprévu ou d'inconnu. Pas d'ivresse que puissent cacher les lauriers de la guerre, rien de ces périlleuses délices qui font frémir toutes les fibres de l'animal humain dans une chasse plus émouvante que les hallalis des vieilles chasses royales !

Le choix d'une excursion est affaire de dilettante. Les Français ont furieusement aimé les sentiers, les lauriers, les scènes héroïques... Une fois de plus ils auront à se décider : ce ne sont pas les canons de la triple alliance, ce ne sont pas les obstacles à vaincre qui les effrayeront... au contraire! vaincre ou périr! vaincre n'en sera que plus beau! Les conseillers de paix!... des lâches! criera encore le vieux sang gaulois: c'était le cri de juillet 1870! Ainsi clamera la presse de 1890, si les illusions actuelles sur la puissance russe restent au cœur des Français. Sans exagérer la valeur d'un million de vies de soldats, au point de vue de l'évolution des peuples vers l'équilibre et la paix de l'Europe, il est permis d'appréhender cette hécatombe de myriades humaines, il est loisible d'appeler l'attention des hommes qui pensent et qui parlent : quelle économie l'humanité réaliserait de ce chef si les peuples faisaient le sacrifice de haines dangereuses (si sacrées qu'en paraisse la source!) et remettaient au sentiment des autres nations le soin de régler leurs droits à des revendications légitimes.

S'il est vrai qu'à l'instigation de l'empereur d'Allemagne, l'Italie doive adresser à la France une proposition de désarmement, que la France s'empresse d'accepter en réservant à l'Espagne, au Portugal, au Souverain Pontife l'accomplissement de la procédure fixant les dates, les emplacements, les effectifs suivant lesquels pourront être déterminées, commencées, continuées, exécutées les opérations essentielles du désarmement en France, en Italie, en Allemagne.

Je ne saisis pas ce que la France pourra perdre à formuler une pareille repartie : je vois clairement ce que la France perdra à opposer une fin de non-recevoir. Il surgira sans doute plus d'une occasion de travailler à la paix avant que les armes se choquent. Que les Français profitent d'une de ces occasions ! Qu'ils se souviennent du profit qu'aurait gagné la France, si elle avait remis à l'arbitrage, le soin de trancher la curieuse question d'amour-propre qui fut dénouée en juillet 1870, par une guerre funeste ! Plus tard, quand nos arrière-neveux compareront la guerre de 1890 à la guerre de 1870, et s'enquerront comment, à vingt ans de date, la répétition des mêmes désastres aura pu procéder de la même incurie, de la même légèreté, les historiens donneront une seule réponse plausible : « En 1890, comme en 1870, les Français ne connaissaient pas exactement l'organisation des forces militaires contre lesquelles ils avaient à combattre ! » Mon livre a essayé de parer à cette ignorance. J'ai appelé l'attention des Français. L'attention viendra-t-elle ? Fera-t-elle comme le chien de Jean de Nivelle ? *Chi lo sà !*

INDEX

Les noms de localités et de cours d'eau affectent diverses formes sous la plume des géographes et des historiens qui ont écrit sur la Pologne et sur la Russie. Exemple : *Kief, Kieff, Kiev, Kiew* désignent la même localité. La principale cause de ces dénominations différentes tient à la difficulté de trouver dans l'alphabet français des lettres correspondant au son de plusieurs des lettres de l'alphabet polonais. La même difficulté se reproduit lorsqu'il faut transcrire en français les noms de localités russes. Suivant le géographe cité, l'orthographe du nom affecte une forme particulière.

A

Aksakof (Ivan), 258, 268.
Arnim (comte d'), 277, 285.

B

Baranowistchi, 50.
Bialystok (v. Bielostok).
Bielostok, 36, 39, 50, etc.
Bjalistok (v. Bielostok).
Bjelostok (v. Bielostok).
Boborikine (Pierre), 274.
Bobr, 36.
Bog (v. Bug).
Boug (v. Bug).
Bug, 26, 42, 44, 103, 159.
Brest, 27, 39, 42, 162.
Brest-Litovski (v. Brest).
Brzezan, 120.

C

Chelm, 51, 101, 134, 240.
Chobrin (v. Kobrin).
Chobryn (v. Kobrin).
Chowel (v. Kowel).
Clausewitz, 34, 98, 140.
Corbier, 286.

Cracovie, 25, 78, 119, 126.
Custine, 233.
Czelaby, 82.

D

Dantzig, 29.
Dnieper, 33, 153.
Dniepr (v. Dnieper).
Doubno, 106.
Dunabourg, 115.

F

Figurey, 286.

G

Grodno, 101, 113, 134, 240.

H

Homel, 35.

I

Ivangorod, 26, 29, 153.

J

Jitomir, 106, 116.

K

Katkof, 230, 232.
Kamenetz, 106.
Kichinef, 106, 173.

Kief (v. Kiev).
Kieff (v. Kiev).
Kieltsy, 105.
Kiev, 35, 51, 106, 109.
Kiew (v. Kiev).
Kischeneff (v. Kichinef).
Kobrin, 28, 33, 39, 43, 99, 114, 135.
Kobryn (v. Kobrin).
Koden, 42.
Kœnigsberg, 28, 36, 99, 155.
Kovno, 51, 153.
Kowel, 40, 101, 113, 134, 240.
Kowno (v. Kovno).

L

Lemberg, 119, 126.
Leroy-Beaulieu (Anatole), 167, 227, 231, 253.
Lipsk, 51.
Lomja, 105.
Loutsk, 106, 107.
Lublin, 104, 113.
Lukow, 50.

M

Malkin, 50, 101, 113, 136.
Marga, 31, 107, 156, 157, 176, 248.
Mejibouge, 107.
Minsk, 51, 103.
Modlin, 158

INDEX

Mokrany, 42.
Moscou, 28, 35, 53, 163.
Moukhavecz, 27, 32, 38, etc.
Moukhiavecz (v. Moukhavecz).
Moukhavetz (v. Moukhavecz).
Moukhaviec (v. Moukhavecz.)
Moukhaviecz (v. Moukhavecz).

N

Narev, 31, 34, 38, 45, 99.
Narew (v. Narev).
Newilinski (de), 73, 77.
Niémen, 155, 163.
Novo-Georgievsk, 26, 29, 153.

O

Odessa, 28, 102.
Okunin, 48.
Orembourg, 81.

P

Permok, 82.
Pinsk, 23, 32, 39, 74.
Plotsk, 105.
Pobiedonostzoff, 79.
Posen, 80.

Pripet, 33, 39, 99.
Prostken, 99.
Przemysl, 119.
Pultusk, 49.

R

Radom, 105.
Rau, 108.
Reclus, 31.
Riga, 103.
Ryto, 42.

S

Sabolotje (v. Sobolotje).
Saikovek, 134, 240.
Sandomir, 25.
Sarkovek (v. Saikovek).
Sarmaticus, 68, 86, 142, 153, 156, 161.
Schabinka, 51.
Siedlce, 50.
Siedletz, 105.
Smolensk, 163.
Sobolotje, 142.
Sokal, 33, 99.
Soloviev (Vladimir), 254, 268, 292.
Sorel (Albert), 232.
Soroki, 106.
Souvalki, 103.
Stoffel, 21, 266.

T

Tcherkasy, 116.
Thiers, 45, 47, 49, 44.
Thorn, 25.
Tobolsk, 82.
Tolstoï, 7.
Tourguéneff, 19, 176.

U

Ukra (v. Vkra).

V

Valfrey, 278.
Varsovie, 24, 103.
Vilna (v. Wilna).

Vistule, 24, 69, 153.
Vivien de Saint-Martin, 32.
Vkra, 32, 35, 37.
Vlostlavsk, 105.

W

Wadovice, 120.
Weichsel (v. Vistule).
Wilna, 50, 102, 109, 115.
Wkra (v. Vkra).
Wlodava, 40, 42, 100.

Z

Zaslav, 116.

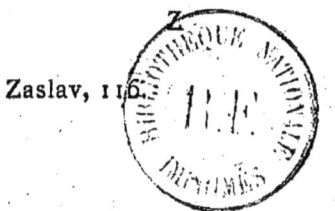

www.ingramcontent.com/pod-product-compliance
Lightning Source LLC
Chambersburg PA
CBHW071258160426
43196CB00009B/1332